しんせき

ミネ夫君《おくん》

ミネラルウォーターのようせい。とても頭《あたま》がよくてマジメ。意外《いがい》な素顔《すがお》をもつ。

♥→水《みず》まんじゅう

スキ♥

しずくちゃん

雲《くも》の上《うえ》生《う》まれの雨《あめ》のしずくのようせい。すなおでやさしい性格《せいかく》。

♥→ゼリー

なかよし

なかよし

ハニーちゃん

ハチミツのようせい。しゅみは ハチミツをつくること。ワイルドなところもある。

♥→カステラ

どろろん

どろ水《みず》のようせい。ぬすみぐせがある。いじっぱりだけど、じつはさびしがりや。

♥→ごませんべい

なかよし兄弟《きょうだい》

はなぢ君《くん》

鼻血《はなぢ》のようせい。強気《つよき》で短気《たんき》。いつも貧血《ひんけつ》ぎみ。

♥→アメリカンドッグ

はなたれ君《くん》

はなみずのようせい。いつもはなみずをたらしている。

♥→メロンパン

みるみるちゃん

ミルクのようせい。赤《あか》ちゃんなのに怪力《かいりき》。なき声《ごえ》が、かなり大《おお》きい。

♥→牛乳《ぎゅうにゅう》かん

カフェ・どろっぷ

しずくの森《もり》にある、きっさてん"カフェ・どろっぷ"ではたらいている、なかよし(?) 3にんぐみだよ！

みどりこさん

京都《きょうと》生《う》まれの緑茶《りょくちゃ》のようせい。気《き》がつよくてまけずぎらい。

♥→まっ茶大福《ちゃだいふく》

ロンロン

中国《ちゅうごく》生《う》まれのウーロン茶《ちゃ》のようせい。アセオ君《くん》のダイエットのコーチ。♥→月餅《げっぺい》

レティ

イギリス生《う》まれの紅茶《こうちゃ》のようせい。料理《りょうり》が苦手《にがて》。

♥→スコーン

カフェ どろっぷ

しずくちゃん
おやつクッキング
あら…
にゅ〜
かわいいーっ♡
はやくたべたい…
はいっ★
おおきに
ぎぼ りつこ

しずくちゃん おやつクッキング

もくじ

むずかしさレベル ★→かんたん ★★→ふつう ★★★→むずかしい

おやつづくりをするまえに…

ざいりょうの じゅんび

ざいりょうがちゃんとそろってるか
たしかめてからつくりはじめよう!

かならず大人《おとな》とつくろう!

おやつづくりは油《あぶら》、火《ひ》、包丁《ほうちょう》など、
子《こ》どもには あぶないものをつかうので
かならず大人《おとな》とつくろう!
子《こ》どもだけでは つくらないでね。

レンジのW数《ワットすう》、大《おお》さじ、小《こ》さじ

この本《ほん》で、レンジのW数《ワットすう》について とくに
かいてないときは 500〜600Wだよ。
大《おお》さじは 15cc(ml) 小《こ》さじは5cc(ml)だよ。

きれいに手《て》をあらおう!

しずクッキー

しずくちゃんのかたちの
かわいいクッキー♡

おやつづくりにチャレンジしよう！
にゅ〜！
てづくりおやつの基本《きほん》といえばクッキーだよな
クッキーの型《かた》なににする〜？
もちろんしずく型《がた》！
ほんとに じぶんだいすきっ子《こ》だな！
クッキーの型《かた》→
Milk

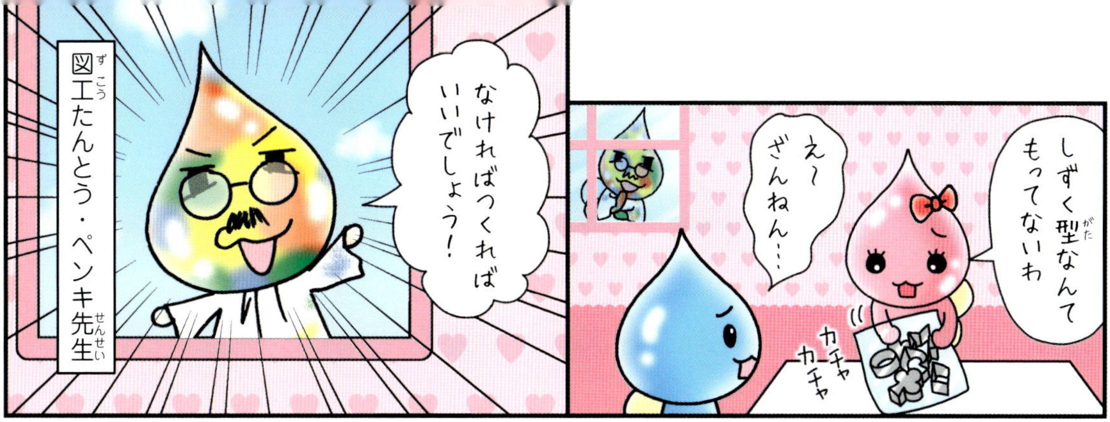
しずく型《がた》なんてもってないわ
え〜ざんねん…
カチャカチャ
なければつくればいいでしょう!
図工《ずこう》たんとう・ペンキ先生《せんせい》

とつぜんあらわれたわね…
えっ、そんなのつくれるの?
にゅ〜?
Milk
牛乳《ぎゅうにゅう》パックをつかうといいですよ!
MILK

牛乳《ぎゅうにゅう》パックをカッターやはさみなどで きりひらき16cm《センチ》×3cm《センチ》(以上《いじょう》)のながさに きる。

内側《うちがわ》を上《うえ》にして、はしから、1cmのところを 谷《たに》おりにして両面《りょうめん》テープをはる。

MILK

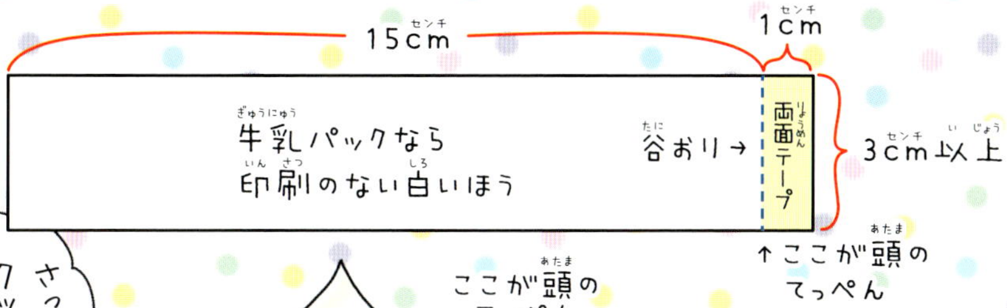
15cm《センチ》
1cm《センチ》
牛乳《ぎゅうにゅう》パックなら
印刷《いんさつ》のない白《しろ》いほう
谷《たに》おり→
両面《りょうめん》テープ
3cm《センチ》以上《いじょう》
↑ここが頭《あたま》の
てっぺん

さっそくクッキーつくろうぜ!
できた〜♪

ここが頭《あたま》の
てっぺん
↓
←両面《りょうめん》テープで
とめるところ
しずく型《がた》見《み》本《ほん》

外《そと》がわが印刷《いんさつ》された がわになるように両面《りょうめん》テープではりあわせ 輪《わ》にして左《ひだり》の図《ず》の上《うえ》にのせてかたちをととのえてね。

しずクッキー

ざいりょう（約《やく》24まいぶん）

- 薄力粉《はくりきこ》…120g
- バター…40g
- さとう…60g
- バニラエッセンス（バニラオイル）…少々《しょうしょう》
- 牛乳《ぎゅうにゅう》…小《こ》さじ1
- 食紅《しょくべに》（赤《あか》、青《あお》）…少々《しょうしょう》
- チョコチップ…適量《てきりょう》
- デコペン（チョコ、白《しろ》、赤《あか》）…1本《ぽん》ずつ

こむぎこ
さとう
バニラ
MILK
チョコチップ
青
赤

① バターを室温《しつおん》にもどし、ボウルにいれさとう、バニラエッセンスをくわえて白《しろ》っぽくなるまでよくまぜる。

バターは湯《ゆ》せん（67ページ）してもいいよ
さとう

② 薄力粉《はくりきこ》を2回《かい》ふるいでふるう。

こむぎこ

③ ②を①のボウルの中《なか》に3回《かい》くらいにわけていれ、ゴムべらでまぜる。

④ 小《ちい》さな容器《ようき》に、牛乳小《ぎゅうにゅうこ》さじ半分《はんぶん》をいれて食紅《しょくべに》を小《ちい》さいスプーン1ぱいほどいれ、よくとかす。これを赤《あか》と青《あお》、ひとつずつつくる。

MILK
赤
食紅添付《しょくべにてんぷ》のスプーン
青

⑤ ③の生地《きじ》のおもさをはかり、おもさを3でわって、3つにわける。

→ボウルのおもさはひいてね

⑥ ⑤のうち、ふたつにそれぞれ④をまぜる。

ピンクの生地《きじ》
食紅《しょくべに》の赤《あか》をまぜた牛乳《ぎゅうにゅう》
水色《みずいろ》の生地《きじ》
食紅《しょくべに》の青《あお》をまぜた牛乳《ぎゅうにゅう》
白《しろ》い生地《きじ》
なにもまぜない
ボウルの中《なか》にいれて色《いろ》がまざるように手《て》でよくもんでね
こねこね

それぞれがよくまざったら上下《じょうげ》にラップではさんでめんぼうで5ミリくらいのあつさにのばす。1時間《じかん》以上《いじょう》冷蔵庫《れいぞうこ》でやすませる。

にゅ〜にゅ〜（ぼくもひるねする〜）
MILK
↑ラップにくるんでね

⑦ まな板《いた》に ⑥をのせて 型《かた》でぬく。クッキングシートをしいた天板《てんばん》にのせていく。

ぬいたあとの生《き》地《じ》は またまるめて のばして型《かた》をぬいてね
ベタベタしたら、薄《はく》力《りき》粉《こ》を 生《き》地《じ》やめんぼうにすこし つけてのばすといいよ
今《いま》のうちにオーブンを 170℃に予《よ》熱《ねつ》しよう!
こむぎこ

にゅ〜にゅ〜 （チョコチップをのせて 目《め》にしてね）
みるみるちゃんのほっぺは ピンクの生《き》地《じ》をのせてね!
チョコチップ
Milk
やくまえから かわいい♡
おまえたちは じぶんのかたちの クッキーでいいよな

⑧ 170℃のオーブンで 15〜20分《ぷん》やく。

はい、つむりんの カラのクッキーだよ
か、かわいい!
なによ、つむりん だってじぶん だいすきっ子《こ》 じゃない!
にゅ〜にゅ〜 （段《だん》があるオーブンなら 下《した》の段《だん》にしてね）

⑨ やきあがったら、あみなどにのせてさます。さめたら、デコペンで 顔《かお》を かいてできあがり!

できた〜!
かわいくて たべられな〜い
サク サク

プリン

ざいりょう（プリン4こぶん）

■ プリン

- 牛乳《ぎゅうにゅう》…300cc
- さとう…大《おお》さじ4
- 卵《たまご》…2こ
- バニラエッセンス

（バニラオイルでもOK）…少々《しょうしょう》

■ カラメルソース

- さとう…大《おお》さじ2
- 水《みず》…大《おお》さじ1
- お湯《ゆ》…小《こ》さじ2

1 ■ カラメルソースづくり

耐熱容器《たいねつようき》にさとうと水《みず》をいれてまぜる。ラップをせずにレンジ（500W）で2分《ふん》30秒《びょう》~3分《ぷん》ほど加熱《かねつ》する。

2 レンジからとりだす。

3 お湯《ゆ》をいれてまぜる。

※かならず大人《おとな》にやってもらおう。

4 ③をプリンの容器《ようき》にいれておく。

❺ ボウルに卵《たまご》をわりいれて、まぜておく。

❻ 牛乳《ぎゅうにゅう》とさとうを耐熱容器《たいねつようき》にいれて、レンジで1分《ぶん》ほどあたためる。

1分《ぷん》
さとう
MILK
レンジからだしたらスプーンなどでかきまぜてね

❼ ⑤に ⑥をすこしずつまぜていく。バニラエッセンスをくわえる。

❽ ⑦を 2回《かい》ほど、こし器《き》でこして卵液《たまごえき》を なめらかにする。④の容器《ようき》に6分目《ぶんめ》くらいいれる。

← こし器《き》

❾ タッパーなどの耐熱性《たいねつせい》のいれものに、ふっとうしたお湯《ゆ》をいれ、その中《なか》に⑧をおく。ラップでおおい、レンジ（200W）で10分間《ぶんかん》あたためる。

よこからみた図《ず》

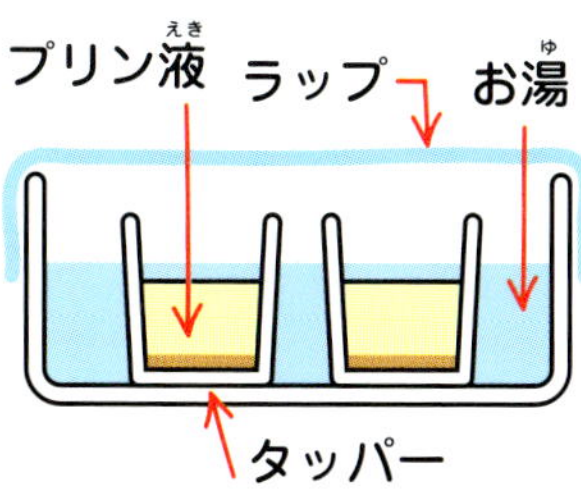
プリン液《えき》
ラップ
お湯《ゆ》
タッパー

※お湯《ゆ》の中《なか》にプリン型《がた》をいれたとき、お湯《ゆ》の表面《ひょうめん》がプリン液《えき》の表面《ひょうめん》より上《うえ》になるように、お湯《ゆ》をいれてね。
タッパーは2こずつよういしてもいいよ。
まだかたまっていないときは、ようすをみながら10秒《びょう》ずつ加熱時間《かねつじかん》をふやしてね。

❿ あら熱《ねつ》がとれたら、冷蔵庫《れいぞうこ》でひやして できあがり。

お皿《さら》にうつしてもいいね♪
わ〜い

※型《かた》から はずす方法《ほうほう》は、71ページをみてね。

でも、その日《ひ》いらい…
プリンおいしかったな〜ぷりりりんうまそ〜
じ〜っ
ぞくっ
だらだら…
あぁ、ヨダレ君《くん》のしせんをかんじる…！

うるおいひめ
むかしむかし ある国《くに》に うつくしいのが じまんの おきさきさまが いました。
かがみよ かがみ…… このよでいちばん うつくしいのは だあれ？
森《もり》のなかで 7にんのこびとたちとくらしている うるおいひめです
なんですってーっ
おきさきは へんそうして 毒《どく》りんごをもって こびとの家《いえ》に いきました。
りんごかぁ〜 あんまり すきじゃなーい
メロンのほうが いいな〜
さっき はをみがいた ばっかりだしぃ〜
メロンは たかいんじゃっ
アップルパイだったら すきだから たべるけどね〜
じゃっ、じゃあっ アップルパイつくって たべなよぉっ
さあ さあ

むり
なんでえっ
つくりかた しらないから
じゃあ いっしょに つっくろーっ♥

アップルパイ

ざいりょう（4人《にん》ぶん）

- パイシート（冷凍《れいとう》）……（100gのもの）2まい
- りんご（できれば紅玉《こうぎょく》）……2こ
- さとう……80g
- バター……40g
- パン粉《こ》……大《おお》さじ3（なくてもOK）
- 薄力粉《はくりきこ》……少々《しょうしょう》
- 卵黄《らんおう》……1こ
- 水《みず》……少々《しょうしょう》

さとう
パン粉《こ》
こむぎこ

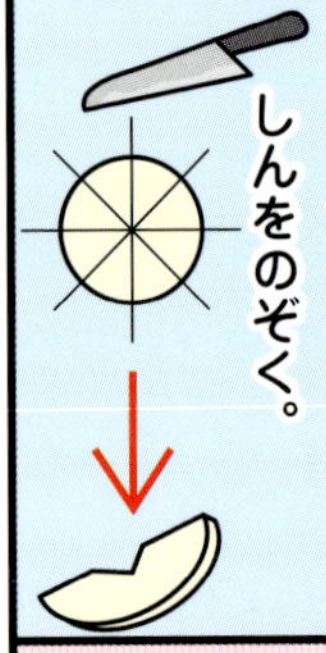

❶ りんごは 皮《かわ》をむいて 8〜16とうぶんにして しんをのぞく。

さとう

❷ なべに、さとうと バターをいれて、とかす。

3 ②に①をくわえ、ざっくりとまぜる。ふたをして中火《ちゅうび》で3～4分《ぶん》むす。ふたをとって、水分《すいぶん》がなくなるまで にる。

できあがったら、ひろいおさらにうつして、さましてね

4 パン粉《こ》をアルミはくでふんわりつつんで、トースターでカリカリになるまでやいて、さましておく。

5 パイシートを冷凍庫《れいとうこ》からだして、半解凍《はんかいとう》のじょうたい(15分《ふん》くらい)にする。

A…上《うえ》にのせるパイシート
B…土台《どだい》になるパイシート

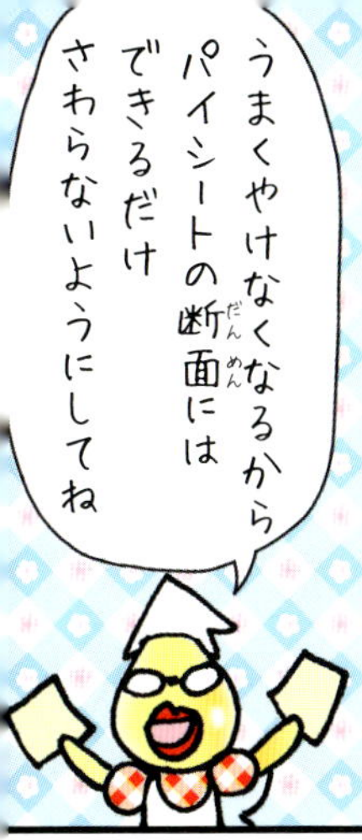
うまくやけなくなるから
パイシートの断面《だんめん》には
できるだけ
さわらないようにしてね

Aを、クッキングシートの上《うえ》におきその上《うえ》にクッキングシートをかぶせめんぼうで上下《じょうげ》だけ2～3cm《センチ》のばす。

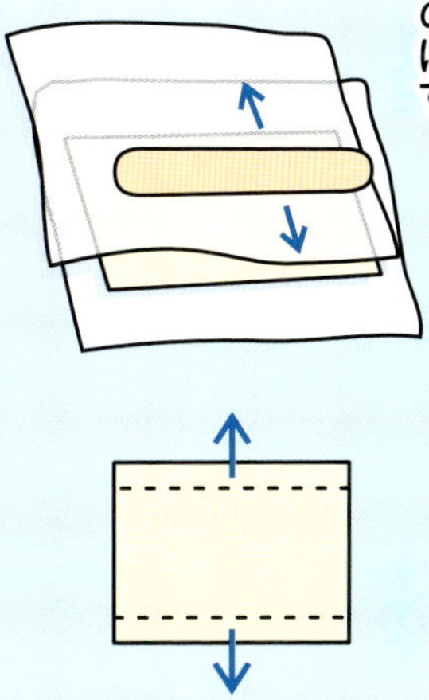

表面《ひょうめん》に薄力粉《はくりきこ》をまぶし、よこ長《なが》にしてはんぶんにおる。はしを1.5cm《センチ》のこして、1cm《センチ》かんかくに小麦粉《こむぎこ》をすこしつけたほうちょうできりこみをいれて、ひろげる。

こむぎこ

6 Bを、クッキングシートをしいた天板《てんばん》におき、フォークでぜんたいにつく。

えいえい

7 ⑥のふちに、とき卵《たまご》(水《みず》でといた卵黄《らんおう》)をはけでうすくぬり、④のパン粉《こ》をひいて、その上《うえ》に③のりんごをのせる。

8 ⑦に⑤をかぶせ、はしをフォークでおさえて、表面《ひょうめん》にとき卵《たまご》を はけでぬる。

A
B

9 ⑧をオーブンにいれ、200℃で20分《ぶん》、170℃で20分《ぶん》やいたらできあがり♪

でっきた～

Apple Pie

そうそう、こんなパイの
つつみかたもあるわよ
正方形《せいほうけい》にきったパイシートに
中身《なかみ》をいれて三角《さんかく》におるの
カットする
①
②
おる
③
なるほど！
かんたんそう
では…
いただきまーす！

どくりんごのはいった
アップルパイを
たべたうるおいひめは
たおれてしまいました！
ウッ
バターン
グッ
だいせいこう★

うるおいひめは どうなる!?

このつづきは 8巻《かん》36ページをよんでね

あっどろろんだ！
なにかったんだよ？
今日《きょう》は節分《せつぶん》だから恵《え》方巻《ほうまき》のざいりょうだよ！
恵方巻《えほうまき》とは↓節分《せつぶん》にたべると、えんぎがよいとされているまきずしのこと。たべているとき、しゃべってはいけない。

パンとフルーツで？
オレのはオリジナルなんだよ！
どんな恵《え》方巻《ほうまき》？ぼくらもたべたーい！

フルーツロールサンド

ざいりょう（6こぶん）

・サンドイッチ用《よう》食《しょく》パン…6まい

・生《なま》クリーム…50cc

・さとう…小《こ》さじ1

・フルーツ…おこのみで

・ジャム…おこのみで

ホイップ
さとう
JAM

❶ フルーツを、ナイフで小《こ》ぎりにしておく。

❷ 生《なま》クリームにさとうをまぜ、ハンドミキサーであわだてる。

ツノがたつまでだぜ
さとう

❸ ジャムをうすくぬった食《しょく》パンをラップの上《うえ》におき、下《した》の図《ず》のように、スプーンで生《なま》クリームとフルーツをのせる。

ラップ
パン
ジャム
フルーツ
ヨーグルト

❹ ③を手前《てまえ》からまいてラップでくるみ、冷《れい》蔵《ぞう》庫《こ》で30分《ぷん》ひやしてできあがり。

いただきまーす！

うまい！
おいしい！
しゃべっちゃだめだろ！……あっ！

チョコレートのおやつ

カレーショコラ

豆乳《とうにゅう》トリュフチョコ

ガトーショコラ

ふわふわ〜ふわふわふわ〜（ねえ、パパ！かんたんなバレンタインチョコのつくりかたおしえて〜）
みーみー
バブ〜（おしえて〜）
ほいっぷちゃんのパパ、クリームさんはパティシエ（おかし職人《しょくにん》）
じゃあ、豆乳《とうにゅう》をつかった生《なま》チョコのつくりかたをおしえるよ

豆乳《とうにゅう》トリュフチョコ

ざいりょう （4人《にん》ぶん）

- チョコレート…200g
- 豆乳《とうにゅう》（牛乳《ぎゅうにゅう》でもOK）…70cc
- ココア…適量《てきりょう》

① チョコレートをこまかくきざんでボウルにいれる。

② なべに、豆乳《とうにゅう》をいれふっとう直前《ちょくぜん》まであたためる。

③ ①に、豆乳《とうにゅう》をすこしずつくわえてまぜて湯《ゆ》せんでとかす。

湯《ゆ》せんのしかたは67ページをみてね

④ しかくい容器《ようき》にラップなどをしいて③をながしいれ、冷蔵庫《れいぞうこ》で1時間《じかん》以上ひやしかためる。

⑤ てきとうな大《おお》きさにきりわける。

⑥ ココアパウダーをいれた容器《ようき》に⑤をいれ、ふる。手《て》でまるめてできあがり♥

ふりふり
ココア
こねこね

ふわふわ〜（できた〜♥）
バブ〜
み〜み〜

ふわふわ〜（バレンタインチョコ）よ♥
みーみー
バブ〜
きゃっきゃっ
にゅ〜にゅ〜（ありがと〜♥）
さいきんの赤《あか》ちゃんはおませだなぁ…
ダァ〜

もうすぐ バレンタインね
チョコレート どうしよ～
わたしは ガトーショコラを つくるわ
なんだか おしゃれ～
つくりかた おしえて!
いいわよ

方法《ほうほう》は、68ページを みてね
クッキングペーパー

1 ケーキの型《かた》に、はけで サラダ油《あぶら》を ぬって クッキングシートを はりつける。

湯《ゆ》せんの方法《ほうほう》は 67ページをみてね
お湯《ゆ》

2 室温《しつおん》にもどして やわらかくしておいた バターとチョコレートを ボウルにいれ、湯《ゆ》せんで とかす。

ガトーショコラ

ざいりょう （パウンドケーキ1本《ぼん》）

- 板《いた》チョコ…100g
- ホットケーキミックス…40g
- ココア…20g
- バター…60g
- 卵《たまご》…2こ
- きざんだナッツやドライフルーツ、ママレードや ジャムなど …大《おお》さじ2～4（いれなくてもOK《オーケー》）

ホットケーキMIX
ココア

JAM
JAM

おいしいのよね～

③ 卵白《らんぱく》を ボウルにいれ、ハンドミキサーであわだてる。

ゴゴゴ…

④ ③を②にいれ、ゴムべらでさっくりとまぜ、卵黄《らんおう》をいれてまぜる。ココア、ホットケーキミックス、ナッツ、ママレードなどのじゅんでまぜる。

ホットケーキMIX
JAM
ココア

⑤ ④を型《かた》にいれ、予熱《よねつ》した170℃のオーブンで、20分《ぷん》やいて できあがり。

67ページのさましかたをさんこうにしてね！

できたー！
ロゼちゃん ありがと～♪
うふふ
ゴクリ…
……どんなあじなのかしら…
またつくればいっか★
ぺろり
けっきょくたべちゃったうるおいちゃんでした★

今日《きょう》はバレンタインか…
けっきょくひとつももらえなかったけどね！
こうなったらぼくのゆめのあのチョコレートを手《て》づくりするしかない!!

カレーショコラ

ざいりょう（4こぶん）

・板《いた》チョコ…100g
・ホワイトチョコ…100g
・ポン菓子《がし》…30g
・生《なま》クリーム…80g
・ナッツやミニチョコなどのかざり
　…おこのみで

ホイップ
ホイップ

❶ わったホワイトチョコレートをボウルにいれ、ゴムべらでまぜ湯《ゆ》せんでとかす。

湯《ゆ》せんの方法《ほうほう》は67ページをみてね
大《おお》きいボウル
小《ちい》さいボウル
お湯《ゆ》

❷ ①がとけたら、生《なま》クリーム40gを数回《すうかい》にわけていれ、ゴムべらでまぜる。

ホイップ

❸ ポン菓子《がし》を②にいれ、ゴムべらでさっくりとまぜる。全体《ぜんたい》を4つにわけ、スプーンなどですくい、アルミホイルの上《うえ》などにおとし、だ円《えん》のかたちにととのえる。

④チョコレートを ①②と おなじようにして ③がかたまったら、絵《え》のように上《うえ》から スプーンなどで かける。
はやく たべた〜い!
⑤④がかんぜんにかたまる前《まえ》に、かざりを つけて、かたまったらできあがり!
カレーライス そっくり〜!
じゃ、つぎは アセオ君《くん》ちに いきましょ♪
義理《ぎり》チョコの ようい を わすれてたから おそくなっちゃったわね
きっと よろこぶわね
おいしい…
ん?
ピンポーン!
ハッピーバレンタイーン!!
えええっ!?
アセオ君《くん》、よかったね! 義理《ぎり》チョコだけど★

基本《きほん》のスポンジケーキ

つくりた〜い♡
ケーキづくりって市販《しはん》のスポンジケーキをつかってもいいけど、じぶんでも つくってみたい！

ざいりょう（15cm丸型《まるがた》）

※青字《あおじ》は18cm丸型《まるがた》のケーキ用《よう》の分量《ぶんりょう》です。

- 卵《たまご》…2こ（3こ）
- さとう…70g
- 薄力粉《はくりきこ》…70g（90g）
- 牛乳《ぎゅうにゅう》…大《おお》さじ1
- バニラエッセンス（バニラオイルでもOK）…2、3てき
- サラダ油《あぶら》（型《かた》ぬり用《よう》）…少々《しょうしょう》

MILK
さとう

こむぎこ
バニラ

❶ ■じゅんび

★牛乳《ぎゅうにゅう》を冷蔵庫《れいぞうこ》からだし室温《しつおん》に もどしておく。

★ケーキの型《かた》に ハケでサラダ油《あぶら》をぬり、型紙《かたがみ》（68ページをみてね）をはりつける。

★オーブンを180℃に予熱《よねつ》しておく。

★薄力粉《はくりきこ》を、1回《かい》ふるっておく。

こむぎこ

MILK
180℃
油
じゅんびがたくさんあるな〜

❷ボウルに卵《たまご》と さとうをいれて、ハンドミキサー（高速《こうそく》）で白《しろ》っぽくもったりするまで一気《いっき》にあわだてる。

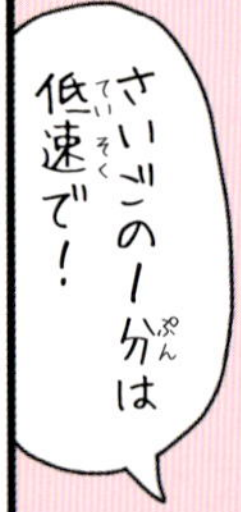

さいごの1分《ぷん》は低速《ていそく》で！

横《よこ》からみると…
↑ボウルをかたむける
リボン状《じょう》になってたれてきたらOK♪

❸ ②に 薄力粉《はくりきこ》を ふるいいれて
ゴムべらでボウルの中心《ちゅうしん》から
きりまぜる。

❹ すこしまざったら、牛乳《ぎゅうにゅう》、
バニラエッセンスを
くわえてさらにまぜる。

❺ ④を型《かた》にいれて10 ㎝ほどの
たかさからおとして空気《くうき》をぬく。
180℃のオーブンで 20～25分
いれてやく。

❻ やきあがったケーキに竹《たけ》ぐしや
おはしを さしてなにもついて
いなければ できあがり。

ケーキがやけたら すぐに型《かた》から
はずしてケーキクーラーの上《うえ》で
さます。

ケーキクーラーがないときは
ステンレスのざるなどを
ひっくりかえした上《うえ》に網《あみ》をのせ、
その上《うえ》におく。

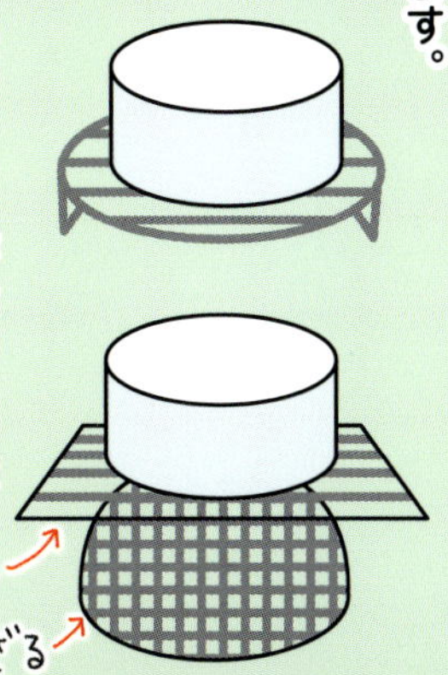

ぼくがだいすきな
にじみたいなケーキを
つくろう♪

にじのケーキ

ざいりょう

さとう

■シロップ

・さとう…50g

・水《みず》…100cc

ホイップ
ホイップ
青

■ケーキ

・スポンジケーキ（市販《しはん》でもOK）

■フルーツ（数字《すうじ》は、かざりつけのじゅんばん）

①イチゴ　②みかん　③パイン

④キウィ　⑤ブルーベリー

みかん
パイン

・生《なま》クリーム　・食紅《しょくべに》の青《あお》　・さとう
（食紅《しょくべに》の青《あお》と、さとうをいれて、あわだてておく）

・中《なか》にはさむフルーツ（おこのみで）

① ■シロップをつくる
マグカップなどに水《みず》と
さとうをいれてよくまぜ
レンジで1分《ぷん》あたためて
さましておく。

1分《ぷん》
まぜまぜ
さとう

② 横《よこ》ふたつにきった
スポンジケーキの
うちがわに、ハケなどで
①をぬる。

スポンジを
しっとり
させるため
だヨ！

③ ■かざりつけ
下《した》のスポンジに食紅《しょくべに》の青《あお》を
いれた生《なま》クリームをぬる。
あわだて方《かた》は66ページをみてね。

中《なか》に
スライスした
フルーツを
おいてネ！
クリームが
空《そら》みたいやナ
青

④ スポンジを
かさねあわせて、
上《うえ》のスポンジに
生《なま》クリームをぬり
そとがわから、
にじみたいに
なるように
フルーツを
かざりつけて
できあがり★

しずくちゃんのチョコプレート

このイラストをなぞってね！

ざいりょう

■ チョコペン

・チョコ　・水色《みずいろ》　・ピンク
・黄色《きいろ》　・白《しろ》など

■ 道具《どうぐ》

・クッキングシート
・マジック

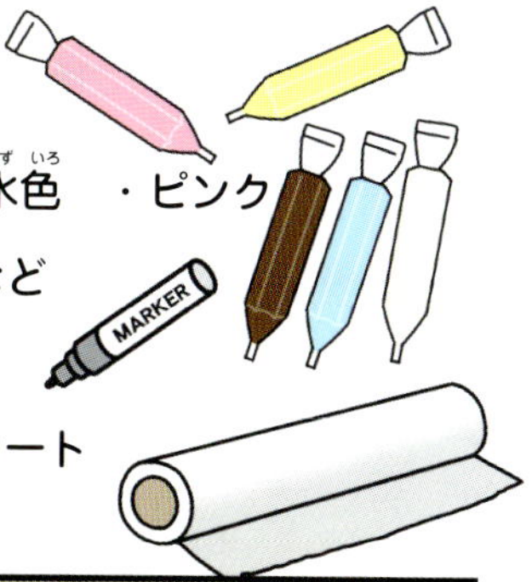
MARKER

❶クッキングシートにしずくちゃんのイラストをかく。

❷クッキングシートをうらがえしてりんかくをチョコペンでなぞっていく。

❸りんかくがかたまったら、ぬりえのように色《いろ》をうめていく。

目《め》のひかりの白《しろ》をさきにかいてから、上《うえ》から目《め》をかいてね！

❹うすいとわれてしまうので色《いろ》つけのあとに、あまったチョコペン（白《しろ》）をぜんたいにぬって、あつみをだす。

かたまったら、ケーキにかざりつけ☆
いろんなキャラをつくってみてね♪

いちご大福《だいふく》

ざいりょう（6こぶん）

- もち粉《こ》(白玉粉《しらたまこ》)……100g
- さとう……大《おお》さじ2
- 水《みず》……120cc
- 食紅《しょくべに》……少々《しょうしょう》（なくてもよい）
- いちご……6こ
- あん……100g
- かたくり粉《こ》……適量《てきりょう》

もち粉《こ》

さとう

赤

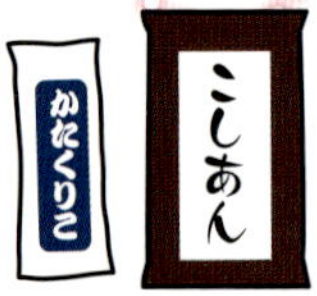
かたくりこ
こしあん

ウチのカフェのスイーツにいちご大福《だいふく》ださへん?
さんせーい!
オ〜、いちご大福《だいふく》おいしいよネ♥

❶ いちごを、あんでくるむ。

❷ 耐熱《たいねつ》ボウルや、シリコンスチーマーに、もち粉《こ》、さとうをいれてよくまぜる。

❸ ②に水《みず》をいれて、かたまりがなくなるまで よくまぜる。

❹ ラップをしてレンジ(500W)で3分加熱《ぷんかねつ》。とちゅう、一度《いちど》ゴムべらなどでまぜ、さらに1分加熱《ぷんかねつ》。

❺ ④の生地《きじ》があたたかいうちに、かたくり粉《こ》をふった台《だい》の上《うえ》にとりだし6こにわける。

手《て》にも、かたくり粉《こ》をつけてね。

❻ 手《て》にかたくり粉《こ》をつけて ⑤をまるくひろげ、①のあんをのせて(いちごの下《した》にする)、つつんで、まるくととのえて できあがり!

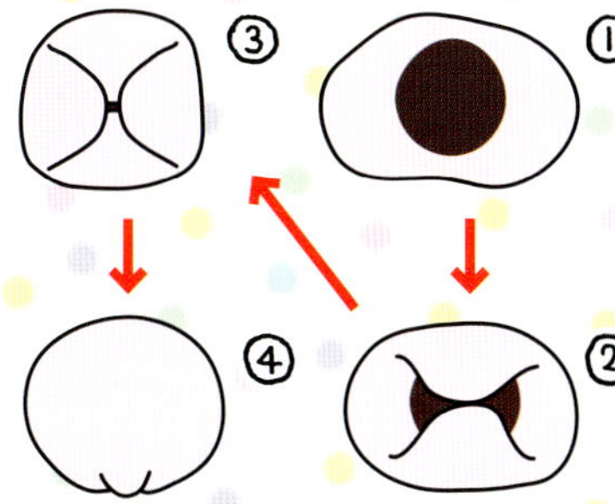

もちをとじたぶぶんを下《した》にしておく。

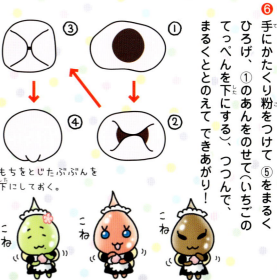

かわいいおきゃくさんヤワ〜
にゅ〜
みー
いらっしゃいマセ〜♪
ごちゅうもんおきまりデスカ?
にゅ〜にゅ〜(プリン)
みーみー(わたしも)
メニュー
プリン…うりきれてる!!
しかも、卵《たまご》ももうナイ!! そ…そうだ!
ミ…ミルクティープリンでもいいデスカ…?
にゅ〜
みー

だいじょうぶ★紅茶《こうちゃ》があるカラ!

卵《たまご》ないのにプリンできるん?

ミルクティープリン

ざいりょう(2人《ふたり》ぶん)

- ゼラチン…5g
- 水《みず》…30cc
- 牛乳《ぎゅうにゅう》…200cc
- さとう…30g
- 紅茶《こうちゃ》のティーバッグ…2こ

かんたんだヨ!

ゼラチン
Tea Bag
Tea Bag
MILK
さとう

❶ゼラチンに 水《みず》を くわえて、よく ふやかす。
ゼラチン
❷マグカップなどに 牛乳《ぎゅうにゅう》をいれて、レンジで1分《ぷん》〜1分半《ぷんはん》 あたためる。
MILK
❸②にティーバッグ をいれて、紅茶《こうちゃ》の 色《いろ》をよくだす。
MILK
Tea Bag
Tea Bag
❹③に さとうをいれて、よくまぜてとかす。
まぜ
まぜ
さとう
MILK
❺④のミルクティーが 人《ひと》はだていどに さめたら①を いれてまぜる。
MILK
❻容器《ようき》にいれて、あら熱《ねつ》が とれたら 冷蔵庫《れいぞうこ》で ひやして できあがり。
おまたせしました〜
ミルクティープリン で〜す♥
あれ？
く〜 く〜
まちくたびれて ねてしまいはってん…

あまくないおやつ

二日《ふつか》目《め》のカレーでつくってみて！

油《あぶら》をつかわないポテトチップスです

フランス料理《りょうり》なのよね！

野菜《やさい》がはいったケーキよ♪

コンソメポテトチップス

ざいりょう（1人《ひとり》ぶん）

- じゃがいも（メークィン）…1、2こ
- 塩《しお》…少々《しょうしょう》
- コンソメ（顆粒《かりゅう》）…少々《しょうしょう》

塩
コンソメ

あ、えだまめなくなっちゃった…
なにかおつまみなかったかな
かわ

ひさしぶりにポテトチップスをつくろう!

① じゃがいもの皮《かわ》をむき、たてはんぶんにきる。

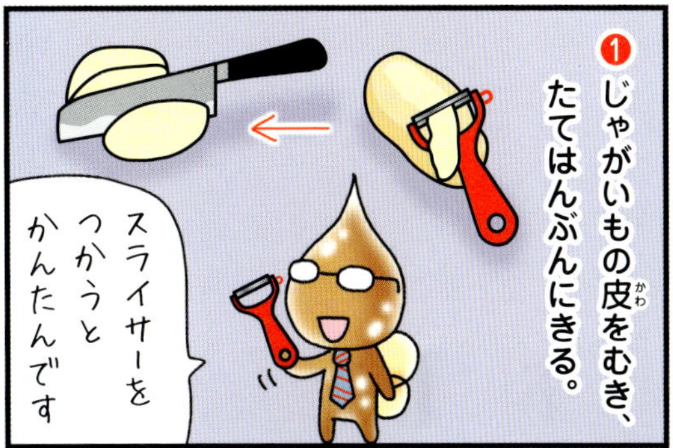

スライサーをつかうとかんたんです

② ボウルに水《みず》をいれ、その上《うえ》にスライサーをおき、じゃがいもをうすくスライスする。そのまま、30分《ぶん》ほど水《みず》にさらしておく。

こんなの→
この作業《さぎょう》はぜったい大人《おとな》にやってもらってくださいね!
すーっ、すーっ

③ キッチンペーパーで、じゃがいもの水気《みずけ》をよくふきとる。

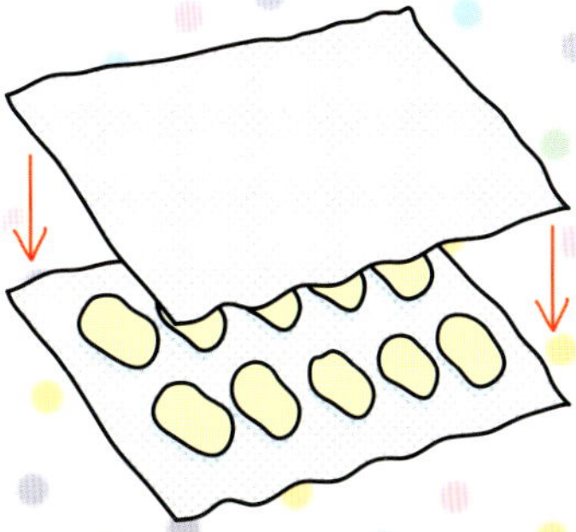

④ お皿《さら》に、クッキングシートをしきじゃがいもがかさならないようにならべて、塩《しお》とコンソメをふる。

コンソメはスプーンのウラなどでつぶしておくとふりやすいですよ
クッキングシート
コンソメ

⑤ レンジで、2～3分《ふん》加熱《かねつ》して、一度《いちど》だして、④をひっくりかえしもう一度《いちど》2～3分《ふん》加熱《かねつ》する。パリパリになったらできあがり♪

なつかしいな 前《まえ》はよくつくったな～
パリパリ

……そういえば、これむかしのガールフレンドにおしえてもらったんだった…
ぱり…

今日《きょう》は、アセオ君《くん》ちであそんでいるよ。
アセオ
なんかおなかすいたなあ
そういえば3時《じ》ね
あ、おやつたべる？

カレーライスはおやつじゃないから…
カレーのなべ
おやつにカレーライスって…

じゃあ、カレーパンはどう？
カレーパンだいすき！
たべる〜

カレーパン

ざいりょう（2人《ふたり》ぶん）

- 食《しょく》パン…2まい（うすいもの）
- マーガリン（バターでもOK）…適量《てきりょう》
- カレーの のこり…適量《てきりょう》
  （大《おお》きい具《ぐ》はマッシャーなどでつぶしておく）
- 卵《たまご》…1こ
  （わって とき卵《たまご》にしておく）
- 薄力粉《はくりきこ》（天《てん》ぷら粉《こ》）…大《おお》さじ1
- 水《みず》…大《おお》さじ1
- サラダ油《あぶら》…小《こ》さじ2
- パン粉《こ》…適量《てきりょう》

マーガリン

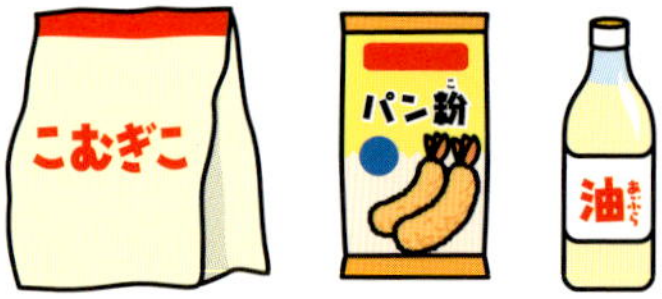

こむぎこ
パン粉
油

ぶあつかったらめんぼうですこしのばしてうすくしてね
マーガリン

❶耳《みみ》をきった食《しょく》パン2まいに、マーガリンをぬる。

❷ 1まいにカレーを まるく
のせて（具《ぐ》が大《おお》きかったら
つぶす）もう1まいを上《うえ》に
かさねて、パンのふちを
フォークでとじていく。

❸ 卵《たまご》、薄力粉《はくりきこ》、水《みず》を
まぜてトロッとさせ
②の両面《りょうめん》をひたして
両面《りょうめん》に サラダ油《あぶら》を
ぬる。

❹ バットにパン粉《こ》をいれて
③の 両面《りょうめん》に まぶして
クッキングシートをしいた
天板《てんばん》におく。

油

❺ ④を180℃のオーブンで
10分《ぶん》やく。
5～10分《ぶん》トースターでやいて
できあがり♪

↑アルミホイルを
しいてね

おいし～い♥
サクサクしてるね♪
↑三角《さんかく》にカットするとおしゃれ♪

食《しょく》パンの耳《みみ》、あまっちゃったわね
そうだ、こまかくちぎってとりさんにあげよう！
フルッホー
ポッポー

食《しょく》パンの耳《みみ》でおやつとかできねえの？
もったいないしね
よし、ラスクをつくろう！

パンの耳《みみ》に バターを
ぬってグラニュー糖《とう》を
ふりかけて、トースターで
やいて できあがり♪

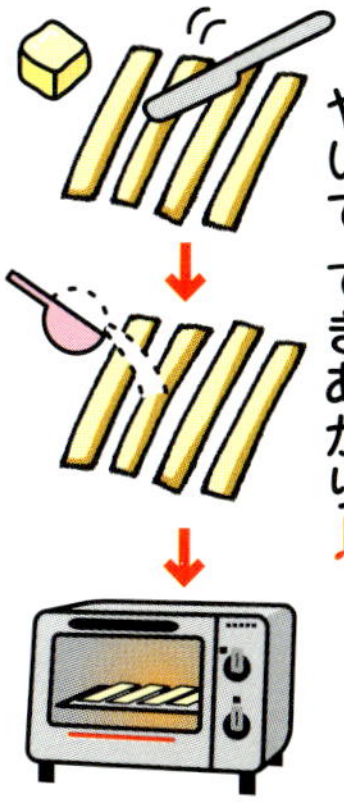

ポッポー
フルッポ
バサ
バサ
バサ
バサ
うわあああ～
これもおいしいわね
でしょ？

えっ、野菜《やさい》をつかったケーキをおしえてほしいですって？
Café
ええ…わたしのつくる野菜《やさい》ケーキはなぜか園児《えんじ》たちには人気《にんき》がなくて……
ベジィ先生《せんせい》
野菜《やさい》ジュースのようせいでほいくえんの先生《せんせい》。野菜《やさい》がだいすき。
そ…そう
……でしょうねえ…
プチトマト
コーン
サヤエンドウ
ニンジン
ダイコン
Happy Birthday
ネギ
ブロッコリー
マヨネーズ
レンコン
レタス
オクラ
↑ベジィ先生作《せんせいさく》♥
野菜《やさい》ケーキ
わかったわ フランス語《ご》で『塩味《しおあじ》のケーキ』という意味《いみ》のケークサレをおしえてあげるわ

1 ■野菜《やさい》、肉類《にくるい》をきる

たまねぎ→スライス
にんじん→みじんぎり
パプリカ、ほうれん草《そう》、肉類《にくるい》→一口《ひとくち》サイズ

にんじんにはこんなサラダおろしをつかうとべんりよ！

ケークサレ

ざいりょう　（パウンドケーキ型《がた》１本《ぼん》ぶん）

★ 牛乳《ぎゅうにゅう》…100cc
★ 卵《たまご》…1こ
★ オリーブオイル…大《おお》さじ１
★ 塩《しお》…小《こ》さじ１
★ ホットケーキミックス…150g

ホットケーキ MIX
MILK
OLIVE OIL
塩

■ 野菜《やさい》など

・たまねぎ…1/4(50g)
・にんじん…1/3(30g)
・パプリカ…1/3こ(50g)
・ほうれん草《そう》…1束《たば》
・冷凍《れいとう》コーン…おこのみで
・肉類《にくるい》（ウィンナー、ベーコンなど）…4本《ほん》（まい）
・とろけるチーズ…15g（おこのみで）

とろけるチーズ
80g

おすきな野菜《やさい》をつかってもいいわね！

❷ フライパンに 油《あぶら》をしき、中火《ちゅうび》で たまねぎ、にんじん→肉類《にくるい》→パプリカ、コーン→ほうれん草《そう》のじゅんばんで いためる。

いためおわったら すこしさましておいてね
①
②
③
④
OLIVE OIL

❸ 野菜《やさい》のあら熱《ねつ》がとれたら、オーブンを180℃に予熱《よねつ》する。

180℃
パウンドケーキの型《かた》に クッキングシートを しいておきましょう （68ページをみてね）
クッキングシート
クッキングシート

❹ ★じるしのざいりょうを上《うえ》からじゅんばんにボウルにいれてまぜていく。

① MILK
②
③ OLIVE OIL
④ 塩
⑤ ホットケーキMIX

❺ ④に②をいれてまぜ、とろけるチーズをいれてさらにまぜる。

とろけるチーズ
80g

❻ 型《かた》に ながしいれて、オーブンで30～40分《ぷん》やいて、できあがり♪

cake salé
これなら園児《えんじ》たちも よろこんでくれそう！
朝食《ちょうしょく》にも あいそうね

豊作《ほうさく》だわ♪
そうだわ★
けいたいでんわ
あら、メッセージ？
ピコン♪
女子《じょし》★ティーチャーズ（4にん）
ベジィ
野菜《やさい》がたくさんとれたので、今日《きょう》、わたしの家《いえ》で、天《てん》ぷら女子会《じょしかい》しませんか？
11:32
ブラッディー
いいですね！でも、そのまえにお茶会《ちゃかい》しませんか？いいものもっていきます♪
11:35
ベジィ
ぜひぜひ！
11:46
サラ田《だ》
では、わたしは おいしい油《あぶら》をもっていきます！
11:49
メイプル
たのしみ〜
11:53
ブラッディー
じゃあ、2時《じ》ごろいきます
12:03
ベジィ
OK!
12:13
ベジィ先生《せんせい》の家《いえ》
はーい！おみやげでーす
バナナ？
せっかくあげものするんだから ついでにおやつもつくっちゃいましょ♪

バナナのフリッター

ざいりょう（4人《にん》ぶん）

- バナナ（かため）…2〜3本《ほん》
- レモン汁《じる》…大《おお》さじ1
- ホットケーキミックス…100g
- 卵《たまご》…1こ
- 牛乳《ぎゅうにゅう》…50cc
- あげ油《あぶら》…適量《てきりょう》
- メイプルシロップ…おこのみで

MILK
ホットケーキMIX
油《あぶら》
maple Syrup

❶ ■衣《ころも》をつくる

ボウルに、卵《たまご》、牛乳《ぎゅうにゅう》、ホットケーキミックスをいれてまぜる。

MILK
ホットケーキMIX

❷ バナナの皮《かわ》をむき、おさらにレモン汁《じる》をいれ、バナナぜんたいにひたす。3〜4㎝《センチ》はばのななめぎりにして①のボウルにいれて衣《ころも》をからめる。

❸ なべに、油《あぶら》をいれ、170℃くらいになるまでまつ。

170℃くらいってどうしたらわかるんですか？
衣《ころも》を油《あぶら》の中《なか》におとしてみてなべのそこまでいかずに、とちゅうでうかんでくるぐらいね

おいしい！
チョコソースもあうわね！

❹ ③のなべに②をいれて、あげる。油《あぶら》をよくきり、お皿《さら》にとってできあがり。

おこのみで、メイプルシロップをかけていただきましょう♪

さて…つぎは野菜《やさい》の天《てん》ぷらですね…
ゲフ…また油《あぶら》ものか…
だいじょうぶ！野菜《やさい》はべつばらよ！
なんかごめんなさい…

夏《なつ》のさわやかおやつ

牛乳《ぎゅうにゅう》かん

ハチミツのやさしいあじよ

チョコチップがスイカのタネみたいだろ★

あまずっぱいヘルシーなアイスよ！

スイカのシャーベット

ブルーベリーバナナアイス

牛乳《ぎゅうにゅう》かん

ざいりょう（4人《にん》ぶん）

- 水《みず》…200cc
- 粉《こな》かんてん…4g
- 牛乳《ぎゅうにゅう》…300cc
- ハチミツ…大《おお》さじ3
  （さとう…60g）
- フルーツ缶《かん》…おこのみで

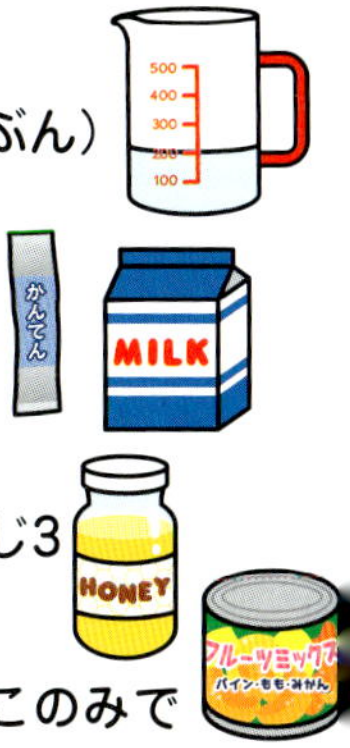
かんてん
MILK
HONEY
フルーツミックス
パイン・もも・みかん

ハニーちゃんの家《いえ》
今日《きょう》は、みんなと夏休《なつやす》みのしゅくだいをするから おやつを つくりましょ！

① 牛乳《ぎゅうにゅう》を はかって 室温《しつおん》に もどしておく。

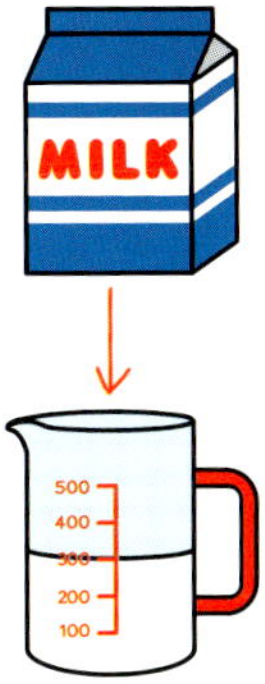
MILK

② なべに水《みず》と粉《こな》かんてんをいれて かきまぜて、火《ひ》にかける。ふっとうしたら弱火《よわび》にして 1〜2分《ふん》ほどしずかにまぜる。

③ ②に ハチミツをまぜて 火《ひ》を とめる。

HONEY

④ ①の牛乳《ぎゅうにゅう》を ゆっくり くわえてよくまぜる。

MILK

⑤ 水《みず》で ぬらした容器《ようき》に ④を ながしこむ。
フルーツを カットして 容器《ようき》にいれる。

⑥ あら熱《ねつ》が とれたら、冷蔵庫《れいぞうこ》でひやして できあがり★

きたっ！
コンコン！

かんてんは体《からだ》を ひやすから すずしくなるかも しれませんね★
へぇ〜
うふ

Honey's
icecr
バイト中《ちゅう》のハニーちゃん
あついわね~ アイスかおっ♪
わたしは やめとくわ
えっ
そ、そうね あたしもやめとくわ
やばっ
そうね~
でもこんなにあついと つめたいアイスが たべたいわよね
だってカロリーが たかいでしょ さいきんふとったし きをつけてるの
おじょうちゃんたち…
ヘルシーなアイスを おしえるわ!
ねえさんたち!
Shampoo Rince
シャンプー・リンス姉妹《しまい》の ビューティーサロン

ブルーベリー バナナアイス

ざいりょう （4人《にん》ぶん）

・ヨーグルト…400g
・冷凍《れいとう》ブルーベリー…150g
・冷凍《れいとう》バナナ…2本《ほん》
・ハチミツ、メイプルシロップ
　…おこのみで

ヨーグルト
HONEY

❶ バナナをわぎりにして ラップにくるんで冷凍《れいとう》する。

こちらがその 冷凍《れいとう》バナナよ

❷ ヨーグルトと冷凍《れいとう》ブルーベリーを 30秒《びょう》ほどミキサーにかける。

ヨーグルト

❸ ②にバナナを1本《ぽん》ずついれて ミキサーにかける。

このままのんでも シェイクみたいで おいしいわよ♥

❹ ③をタッパーなどの フタつきの容器《ようき》にいれて、 冷凍庫《れいとうこ》にいれる。

ホーロー容器《ようき》が おすすめ♪

❺ かんぜんに かたまる前《まえ》に、 冷凍庫《れいとうこ》からとりだし、 フォークでかきまぜる。

これを、2、3回《かい》ほど くりかえしてね

かたまったらできあがり♪ あまみがたりなかったら おこのみでハチミツや メイプルシロップをかけてね。

ヘルシーおやつね
さっぱりして さわやか！

スイカがたくさんできたね！
たべきれるかなあ

そんなときはシャーベットにすればいいぜ！
冷凍保存《れいとうほぞん》もできるしね！

スイカのシャーベット

ざいりょう（2〜3人《にん》ぶん）

・スイカ…500g

・さとう（ハチミツでもOK）…大《おお》さじ3〜5

・レモン汁《じる》…大《おお》さじ1

・チョコチップ…おこのみで

チョコチップ
さとう

❶スイカはザクぎりにしてタネをとりのぞく。

❷スイカ、さとう、レモン汁《じる》を30秒《びょう》ほどミキサーにかける。

さとう
ガーーッ
SHIZUKU

❸②をホーローのタッパーなどにいれ、フタをして冷凍庫《れいとうこ》でこおらせる。

❹かんぜんにかたまる前《まえ》に冷凍庫《れいとうこ》からとりだし、フォークでかきまぜる。

ザクザク
これを、2、3回《かい》ほどくりかえしてね

❺うつわにもりつけて、チョコチップをかざってできあがり♪

スイカは熱中症《ねっちゅうしょう》予防《よぼう》にもなるらしいぜ
夏《なつ》にぴったり♪

そっくりおやつ
たこやき みたいだけど じつは……
子《こ》どもはおさけを のんじゃダメよ!
おお! おいしそうだね
ドッキリ★たこやき!?
ビールゼリー
えっ!? たこやき じゃないの!?
みんなをびっくり させよう……

今日《きょう》は、がくえんさいです。
あっ ヌマオ君《くん》はたこやき屋《や》さんをやってるんだね〜
ドッキリ★ たこやき!?
ドッキリ★たこやき!?
フフ…いらっしゃい
かおうっと!

いただきま〜す
オレにもくれよ
…ん!? なんだこりゃ あまいぞ〜!?
ドッキリ
フフ…だから ドッキリ★たこやき!? なんだよ…

あら、これ ベビーカステラのチョコソースがけだわ!
ほんとだ
これはこれでおいしいね
どげんやってつくったとッスか?
?

ドッキリ★たこやき!?

ざいりょう（4人《にん》ぶん）

■ ベビーカステラ

・ホットケーキミックス…100g
・牛乳《ぎゅうにゅう》…50cc
・卵《たまご》…1こ
・さとう…45g
・はちみつ…大《おお》さじ2
（または メイプルシロップ）
・みりん…大《おお》さじ1
・バニラエッセンス…少々《しょうしょう》
・サラダ油《あぶら》…適量《てきりょう》

MILK
さとう
バニラ
ホットケーキMIX
みりん
HONEY
油

おもわずたこやきとみまちがえちゃうベビーカステラだよ…
トッピングのざいりょうは左《ひだり》のページよ

❶ボウルに牛乳《ぎゅうにゅう》、卵《たまご》、さとう、はちみつ、みりん、バニラエッセンスをいれてあわだて器《き》などでよくまぜる。
さとう
MILK
❷①にホットケーキミックスをすこしずつくわえてまぜる。
ダマにならないようにね
❸たこやき器《き》の電源《でんげん》をいれあつくなったら、サラダ油《あぶら》をひく。
油
キッチンペーパーにサラダ油《あぶら》をひたして、さいばしでぬるとやりやすいわよ
❹2〜3分《ぶん》してから②をスプーンですくってたこやき器《き》のあなに7分目《ぶんめ》くらいまでながしこむ。
あとで ひっくりかえすのが たいへんだから5〜6こずつやこう!
❺④がプップツしてきたらキリやさいばしでひっくりかえしてうらもやいてできあがり。
※キリとさいばしのりょうほうつかうとひっくりかえしやすいよ。
Milk
くる
くる
たこやき風《ふう》トッピング
①チョコソース(黒《くろ》みつ)
②きなこ
③抹茶《まっちゃ》
④かんづめのチェリーをきざんだもの
きなこ
まっ茶
チョコレートソース
じゅんばんにトッピングしたらたこやきっぽくなるよ★
ん……?ぎゃーっからい〜っ!!!
ひとつだけワサビをいれたんだ…ドッキリした?
ロシアンルーレットかい!
ぶばっ
あー
またドッキリするかもよ…
あ〜さっきはドッキリしたぜ
ぱくっ

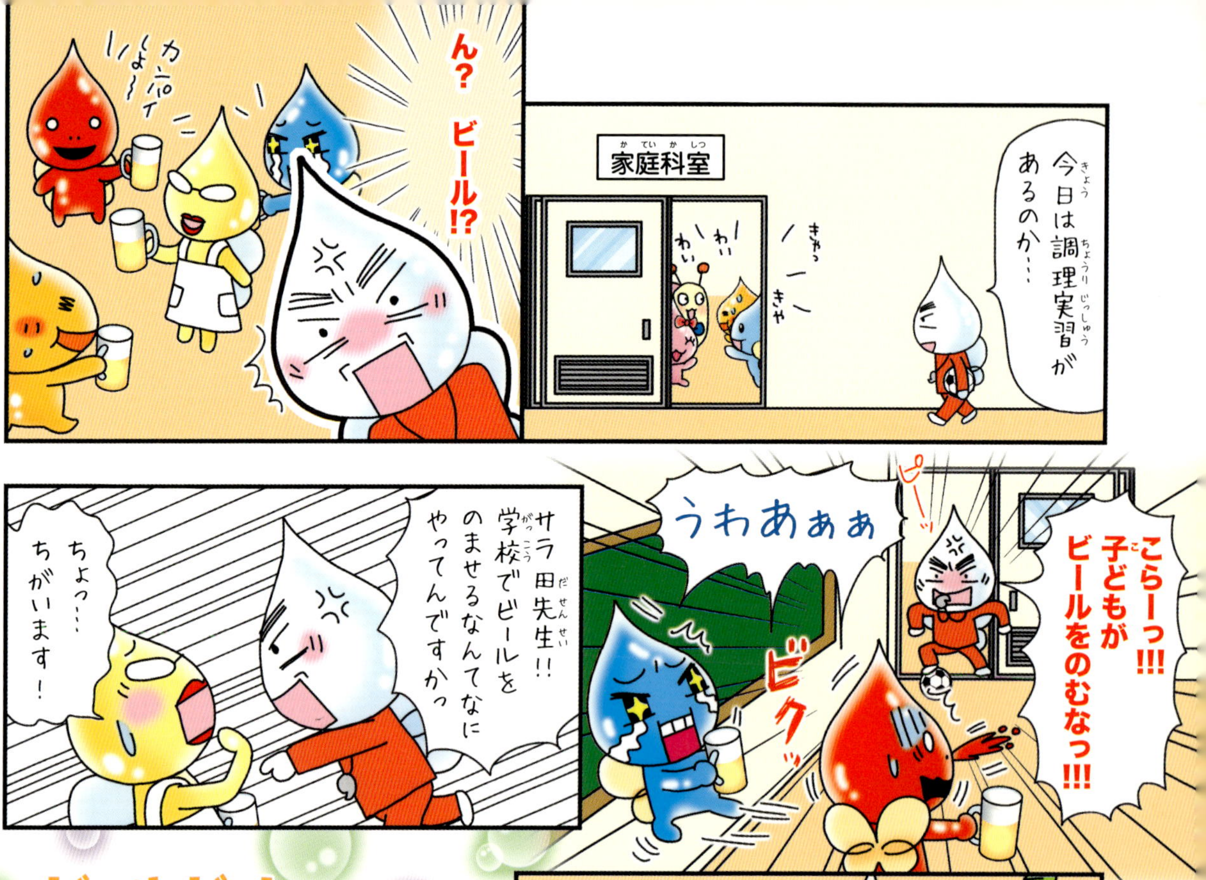

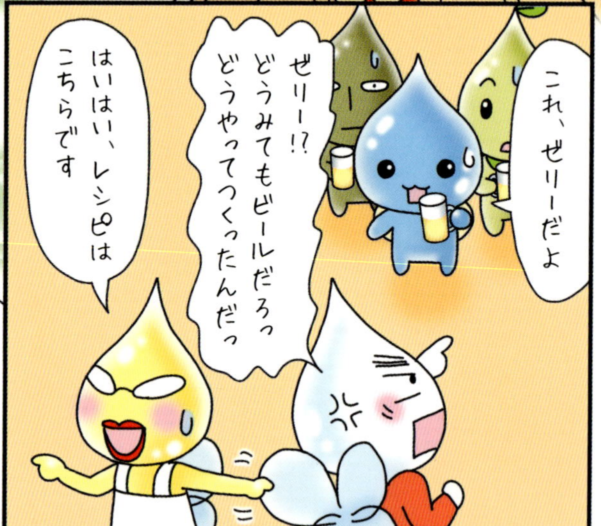

ビールゼリー

ざいりょう（4人《にん》ぶん）

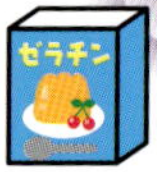

・ゼラチン…10g

・すきとおった黄色《きいろ》のジュース…400cc

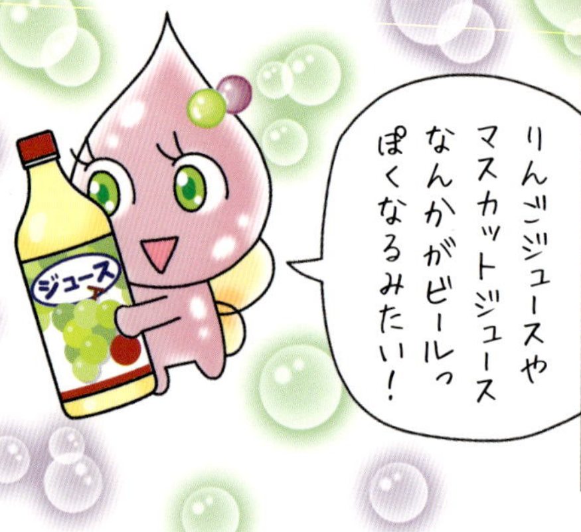

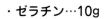

①いれものにジュースを100ccいれ、その中《なか》にゼラチンをいれてふやかす。
ジュース
ゼラチン
ゼラチン
②①を、レンジで30秒《びょう》あたためる。
③ボウルにジュース300ccをいれ②をくわえ、まぜてとかす。
ジュース
④おたまなどで、③をコップにはんぶんより ちょっと上《うえ》ぐらいいれる。
③は、ボウルにすこしのこしてね！
ビアジョッキだとほんものみたいに♪
⑤ボウルの中《なか》の のこりのジュースを、ハンドミキサーであわのようになるまであわだてる。
ハンドミキサーだとらくよ
アミ野《の》先生《せんせい》もよかったらどうぞ
あ、ありがとうございます
⑥おたまなどで、④の上《うえ》に⑤をのせて、冷蔵庫《れいぞうこ》でひやしてできあがり！
かんぱーい!!
ええっ!?

今日《きょう》は よていがなくてつまんないな〜
…ん？
あっ メイプル先生《せんせい》！
ゴロゴロ…
CANADA
あら、コロン君《くん》
ご旅行《りょこう》ですか？にもつおもちしますよ
ありがと〜 カナダに里《さと》がえりしてたのよ
CANADA
おれいにカナダみやげのメイプルシロップをもらった♪
あっ ベジィ先生《せんせい》こんにちは！
こんにちは
サツマイモのしゅうかくですか？
あら、コロン君《くん》こんにちは そうなの ひとりだから たいへんで…
ふー…
※野菜《やさい》だいすき ベジィ先生《せんせい》のしゅみは 野菜《やさい》づくり。
てつだいますよ！
たすかるわぁ
※コロン君《くん》の家《いえ》
Colon
さて、メイプルシロップとサツマイモか…
おすそわけをもらえた♪ ラッキー♥
ホクホク
今日《きょう》はデートのやくそくはなかったけどラッキーデーだ！
※コロン君《くん》は、サツマイモが大《だい》すき！
よし！ アレをつくろう！
う〜ふ〜ふ〜

メイプルスイートポテト

ざいりょう　（4人《にん》ぶん）

- サツマイモ…200〜270g
- メイプルシロップ…大《おお》さじ3（さとうなら30g）
- バター…15g
- 卵黄《らんおう》…1こ
- 黒《くろ》ゴマ…少々《しょうしょう》（なくてもOK）

❶ サツマイモを水《みず》でよくあらう。ラップで ぴっちりつつんで 120wのレンジで10分《ぷん》あたためる。うらがえして、さらに 10分《ぷん》あたためる。

❷ ①の 皮《かわ》を むいて ボウルに いれ マッシャーで つぶす。

❸ ②に、メイプルシロップ、バター、卵黄《らんおう》（約《やく》2/3）を まぜあわせる。

❹ ③をスプーンですくい 形《かたち》を ととのえて、クッキングシートをしいた 天板《てんばん》におき、のこりの卵黄《らんおう》を はけでぬり、黒《くろ》ゴマを ちらす。

❺ 180℃のオーブンで 20分《ぷん》やいて できあがり。

…んっ？ なんか いいにおい がする…
ほんとだ！
え？ ぼくは わかんないけど…
くんくん
こっちだ…
くんくん
いっただっきまー…
ここだーーーーっ!!
うわあああ!!
ビクッ
おいし〜い！
ま・いっか…
ああ…… ちょっとしか たべられない…
おすそわけしちゃう おひとよしのコロン君《くん》 なのでした★

ベイクドチーズケーキ

ざいりょう

■ 土台《どだい》（ボトム）

・ビスケット…70g

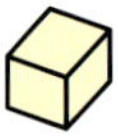

・バター…40g

■ 生地《きじ》

・絹《きぬ》ごしどうふ…150g

・プレーンヨーグルト…50g

・さとう…60g

・卵《たまご》…2こ

・クリームチーズ…200g

・レモン汁《じる》…大《おお》さじ2

・薄力粉《はくりきこ》…大《おお》さじ3

■ しあげ

・アプリコットジャム…大《おお》さじ1〜2
（なくてもOK）

❶ケーキの型《かた》に、ハケで サラダ油《あぶら》を ぬってクッキングシートを はりつける。

方法《ほうほう》は68ページをみてね
油

❷オーブンを 180℃に 予熱《よねつ》しておく。

180℃

❸ビスケットを フリーザーバッグに いれて くだいてから、めんぼうで ゴロゴロしてこまかくして ボウルにいれる。

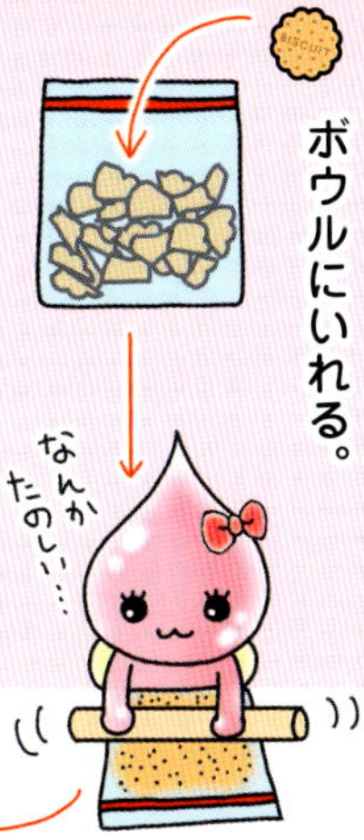
BISCUIT
なんかたのしい…

室温《しつおん》にもどしたバターを くわえて ゴムべらでまぜる。

❹クッキングペーパーを しいた型《かた》に③をたいらに なるようにしっかりしきつめる。

トントン
ラップをくるんだコップのそこでおすといいわよ
できたら冷蔵庫《れいぞうこ》でひやそう！

❺薄力粉《はくりきこ》を ふるいにかけるか、きれいなビニールぶくろに いれて50回《かい》ほど、ふる。

これだとラクね♪
空気《くうき》をいれるのがコツ！
ふり ふり
Milk

❻絹《きぬ》ごしどうふとヨーグルトを ミキサーの中《なか》にいれて30秒《びょう》～1分《ぷん》 まぜる。 つづけて、 のこりの ざいりょうを ミキサーにいれて まぜる。

ガー

❼④の型《かた》に⑥を いれて 180℃のオーブンで40分《ぷん》やく。 あついうちに、 あたためた アプリコットジャムをハケで 表面《ひょうめん》にぬる。

ジャムはレンジで15秒《びょう》ほどあたためてね
ツヤがでてきれい！
JAM

※型《かた》から はずす方法《ほうほう》は、71ページをみてね。

れいぞうこでひやしてたべてね♪
にゅ～！
Milk

紅《べに》いもタルト

ざいりょう（8人《にん》ぶん）

■タルト生地《きじ》（タルト型《がた》：120mm×120mm）

薄力粉《はくりきこ》…100g

さとう…30g

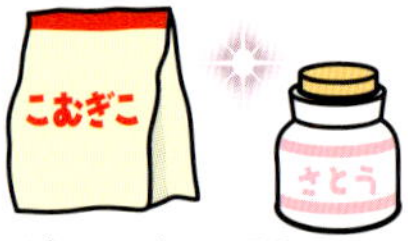

バター（またはマーガリン）…50g

■ 中身《なかみ》

紅《べに》いも（または紫《むらさき》いも、さつまいも）…150gぐらい
（紅《べに》いも粉《こ》をつかう場合《ばあい》：紅《べに》いも粉《こ》100gに湯《ゆ》130ccほどまぜる）

生《なま》クリーム…180〜200cc

さとう…30g

卵《たまご》… 1こ

バニラエッセンス…少々《しょうしょう》（なくてもいい）

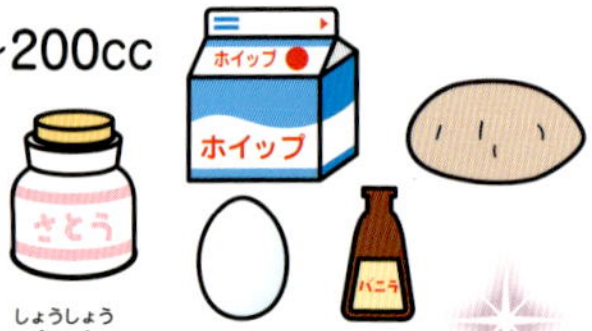

■タルト生地《きじ》

❶ バターを ちいさめにきり、30秒《びょう》ほどレンジで とかす。そこに さとうを くわえ、バターの色《いろ》が白《しろ》っぽくなるまでしっかりまぜる。

❷ ①に ふるいにかけた薄力粉《はくりきこ》をくわえ、さっくりまぜてラップにつつんで冷蔵庫《れいぞうこ》で 1時間以上《じかんいじょう》やすませる。

■中身《なかみ》

❸ ふかした紅《べに》いもを あたたかいうちにうらごししたりマッシャーなどでほぐす。

❹ 生《なま》クリーム、さとう、卵《たまご》、バニラエッセンスを ミキサーに いれてまぜる。

❺ ③を すこしずつミキサーにいれてまぜる。

※すこしずついれないとミキサーがとまってしまうおそれがあります。

まめちしき…生《なま》の 紅《べに》いもを 沖縄《おきなわ》いがいへもちだすことは 禁止《きんし》されているよ。

■タルト生地《きじ》

⑥ ②が まとまってきたら 手《て》でこねて、薄力粉《はくりきこ》を ちょっとふって ラップとラップの間《あいだ》に はさんで生地《きじ》を 型《かた》より 大《おお》きめにのばす。

⑦ ラップをはずし、うすくバターをぬった型《かた》に ピッタリつくように 生地《きじ》を はりつけ、上《うえ》から めんぼうをころがし よぶんな 生地《きじ》をおとす。

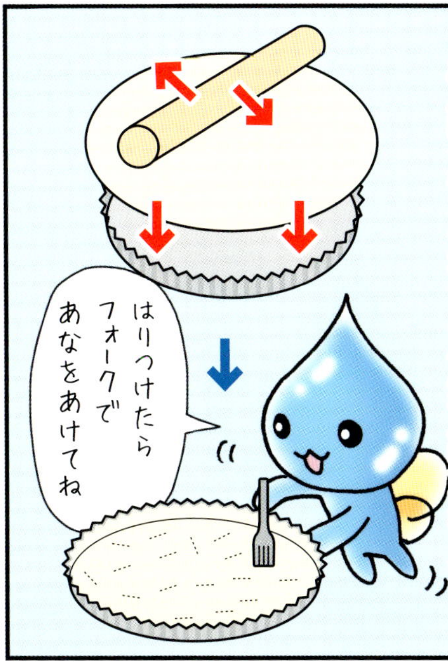

⑧ ⑦に⑤を いれる。170℃の オーブンで 40分《ぷん》ほどやく（オーブンによってことなります）。

⑨ オーブンから だして、さめたら型《かた》からはずし、おさらに うつして冷蔵庫《れいぞうこ》で ひやしてできあがり。

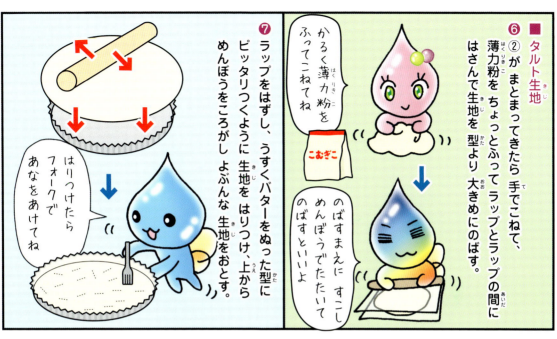

サラ田先生《だせんせい》がハロウィンパーティーでやいてきてくれたかぼちゃタルトのつくりかたをおしえておくれやす
あれ、おいしかったわ〜
カフェにおきたいのデスイズ
ぼくもおしえて♪
こんどクッキングクラブでつくるからいらっしゃい

■タルト生地《きじ》

さとう

❶ 室温《しつおん》でやわらかくしたバターをよくねってさとうをまぜる。

ココア
こむぎこ

❷ ①にふるった薄力粉《はくりきこ》・ココアをいれてゴムベラでまぜる。

かぼちゃタルト

ざいりょう（18㎝タルト型《がた》）

■タルト生地《きじ》

こむぎこ
ココア
さとう

薄力粉《はくりきこ》…130g

ココアパウダー…20g

バター（またはマーガリン）…85g（室温《しつおん》でやわらかくしておく）

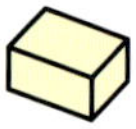

さとう…25g

■中身《なかみ》

MILK

かぼちゃ（正味《しょうみ》）…200g

さとう…30g

牛乳《ぎゅうにゅう》…100cc

卵《たまご》…1こ

ハロウィンパーティーにぴったり！

③ ②を ひとまとめにし、ラップにつつんで30分《ぶん》以上《いじょう》冷蔵庫《れいぞうこ》で やすませる。

④ 生地《きじ》を めんぼうでのばして かぼちゃの オバケの顔《かお》をつくる。170℃のオーブンで12分《ぶん》やく。

口《くち》はまるいうつわで型《かた》をぬいてから ナイフではんぶんにきって歯《は》を きりぬくとかんたんだよ!

⑤ バターをぬった型《かた》に めんぼうで のばしたタルト生地《きじ》をしきつめ、底《そこ》にフォークで あなを あける。

つん つん

■中身《なかみ》

⑥ かぼちゃは皮《かわ》つきのまま ラップをして レンジで やわらかくなるまで あたためる。かぼちゃが さわれるくらいの温度《おんど》に なったら皮《かわ》を むく。

スプーンで くりぬいても いいヨ♪
ここから かぼちゃを 200g つかってね

⑦ さとう・卵《たまご》・牛乳《ぎゅうにゅう》を ミキサーにいれて すこしずつ⑥をいれて クリーム状《じょう》に なるまで まぜる。

※すこしずついれないと ミキサーがとまってしまう おそれがあります。

さとう
MILK

⑧ ⑤のタルト型《がた》に⑦を いれて170℃の オーブンで 30分《ぶん》 やく。

わく わく

⑨ やきあがった タルトの上《うえ》に ④をかざって できあがり。

オレの 顔《かお》〜♥

おとめチックなシュークリームつくりましょ♥

スワンのシュークリーム

ざいりょう　（12こぶん）

■ シュー生地《きじ》

★バター（無塩《むえん》）…60g

★さとう、塩《しお》…1gずつ

★水《みず》…100cc

・薄力粉《はくりきこ》（ふるっておく）…70g

・卵《たまご》（Mサイズ）…3こ

■ カスタードクリーム

・薄力粉《はくりきこ》（ふるっておく）…大《おお》さじ1

・さとう…50g

・卵《たまご》…1こ

・牛乳《ぎゅうにゅう》…200cc

・バニラエッセンス…少々《しょうしょう》

■ ホイップクリーム

・生《なま》クリーム…200cc

・さとう…15g

❶ ■ シュー生地《きじ》づくり

★印《じるし》のざいりょうを、あつめのふかさ15㎝くらいのなべにいれ中火《ちゅうび》にかける。あわだつようにたったら、火《ひ》からおろす。

❷ 薄力粉《はくりきこ》を一気《いっき》にいれ、木《き》ベラでぐるぐると20秒《びょう》かきまぜる。

❸ また弱火《よわび》にかけよぶんな水分《すいぶん》がとんで生地《きじ》がなべからスルリとはなれるようになるまで1分《ぷん》ぐらいねって火《ひ》からおろす。

卵《たまご》をわってといておく←

パカ

❹ といた卵《たまご》をすこしずつくわえてまぜ、生地《きじ》をもちあげたとき、3秒《びょう》ほどしておちるかたさになったらかんせい。

三角形《さんかくけい》にたれさがるように★

❺ ④を3/4と1/4にわけて厚手《あつで》のビニール袋《ぶくろ》にいれて冷蔵庫《れいぞうこ》で30分以上《ぶんいじょう》ねかせる。

❻ ■ カスタードクリームづくり

ボウルに薄力粉《はくりきこ》とさとうをいれてあわだてきでよくまぜる。

❼ ⑥に牛乳《ぎゅうにゅう》をいれてよくまぜる。

❽ ⑦に卵《たまご》をいれて、よくまぜる。

⑨ ⑧をアミでこしながらなべにいれる。こげつかないように中火《ちゅうび》でよくまぜる。もたもたとした状態《じょうたい》からサラッとした状態《じょうたい》になってつやがでてきたらかんせい。

⑩ バットに⑨をいれて、表面《ひょうめん》にぴったりとくっつけてラップをかけ、氷水《こおりみず》にあててすばやくひやす。ひえたら冷蔵庫《れいぞうこ》にいれる。

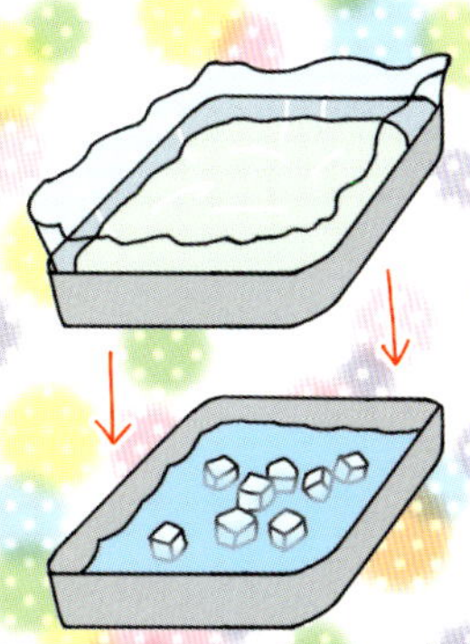

⑪ ■シューをやく

⑤の3/4のシュー生地《きじ》をいれたビニールの先《さき》を1㎝《センチ》ハサミできって直径《ちょっけい》3㎝《センチ》にまるくしぼる。

⑫ ⑪に、きりふきで水《みず》をふって、オーブンの下段《げだん》にいれ、190℃で15分《ふん》やいて、180℃で8分《ぷん》やく。

⑬ ⑤の1/4のシュー生地《きじ》をいれたビニールの先《さき》を2～3ミリ、ハサミできって、数字《すうじ》の『2』の字《じ》をかくようにしぼりだす。

⑭ オーブンにいれて160℃で10分《ぷん》やいて5分《ふん》ほど中《なか》にいれたまま、しっかりかんそうさせる。

⑮ ■ホイップクリームをつくる

生《なま》クリームとさとうをハンドミキサーでツノがたつまでまぜる。

⑯ バニラエッセンスをいれてゴムべらでねった⑮に⑩をすこしずついれてまぜる。

⑰ ■しあげ

⑫の上《うえ》1/3を、パンきりぼうちょうなどできりとり、中《なか》に⑯をスプーンでいれる。⑭をはさんで、ふたをしてできあがり♪

ふう…
トボトボ…
あら、麦茶先生《むぎちゃせんせい》スーツですね
もしかしたら結婚式《けっこんしき》のかえりですか~?
ええ… あ、よかったらこれどうぞ
ひきでもの(おみやげ)のバウムクーヘンです ちょっと にがてなんで…

バウムクーヘンにがてなんですか
いや~
たべてるとあきちゃうんですよね…
わかるわ~
それなら…

バウムクーヘンをたのしいデザートにへんしんさせましょうか♪
えっ

ケーキポップ

ほそいストローやピック(串《くし》)などをよういしてくださいね!

ざいりょう(12こぶん)

■ **ケーキポップの土台《どだい》**

・バウムクーヘン…180g
(スポンジケーキでもOK)
・クリームチーズ…80g
・ジャム…大《おお》さじ1(なくてもOK)
・バニラエッセンス…少々《しょうしょう》

■ **デコレーション用《よう》**(かざり)

・チョコレート…(90g)
・デコペン
・アラザンやチョコスプレーなどのかざり

❶バウムクーヘンをボウルにいれ、手《て》でちぎったり、フォークでこまかくする。
……
ガシガシガシ
❷クリームチーズをレンジで30秒《びょう》ぐらい加熱《かねつ》してやわらかくし、バニラエッセンスといっしょに①にまぜあわせる。
ナッツやレーズンもおすすめ！
クリームチーズにおこのみのジャムをまぜるとおいしいわよ
あんず
クリームチーズ
❸②を まるめる。冷蔵庫《れいぞうこ》に 30分《ぷん》～1時間《じかん》ほどいれて、ひやしかためる。
きゅっきゅっ
スプーンですくってラップをつかってまるめるとべんりですね
❹きざんだチョコレート20ｇぐらいをいれものにいれて湯《ゆ》せんでとかす。ピックの先《さき》に チョコレートをつけて③を さして冷蔵庫《れいぞうこ》で ひやす。
ピック
湯《ゆ》
チョコ
❺のこりのチョコレートも湯《ゆ》せんでとかす。
❻⑤に④をいれてコーティングする。
チョコレートがかたまるまでにチョコスプレーなどかざりをつけてね
❼コップにさしたりクッキングペーパーをしいたバットに ⑥をおいて冷蔵庫《れいぞうこ》でひやしてできあがり！
アート心《ごころ》がさわぐ～！
デコペンでかざるならひやしたあとにしましょう
かざりつけ例《れい》
デコペンの上《うえ》にアラザン←
→にわとり
とってもかわいいわ～
↑クマ
↑チョコの2度《ど》がけ
おいしい…
ほろり…
ど、どうしました？
今日《きょう》は、むかしのガールフレンドの結婚式《けっこんしき》だったんですよ～！
うわぁ。
ふつうよびますかぁ!?
はぁ…
いかなきゃいいのに…
炭酸先生《たんさんせんせい》におすそわけしましょっ
たべるのがもったいない★
きゃぴきゃぴ
ほれぼれ…

クリスマスのおやつ

ブッシュドノエル

サンタパンケーキ

プチ・デコおやつ

クリスマスケーキに かざると とってもかわいい！

コーンフレークツリー

ざいりょう

・ホワイトチョコ…45ｇ
・抹茶《まっちゃ》…小《こ》さじ1
・コーンフレーク（プレーン）…15ｇ
・デコペン、アラザンなどのかざり

❶ 67ページを さんこうに ホワイトチョコを 湯《ゆ》せんして とかしたら 抹茶《まっちゃ》をいれてまぜる。

❷ ①にコーンフレークをいれて、ゴムべらなどでチョコがからむようにまぜる。

❸ ②で、大《だい》・中《ちゅう》・小《しょう》のまるい3つのパーツをつくり、クッキングシートの上《うえ》におく。かたまるまえにフチにアラザンなどをかざる。冷蔵庫《れいぞうこ》でひやしてかたまったら3つを かさねる。大《おお》きいかざりはデコペンを のりがわりにしてつける。

イチゴサンタ

❶ イチゴを 横《よこ》はんぶんにカットして、デコペンでかざりをかく。

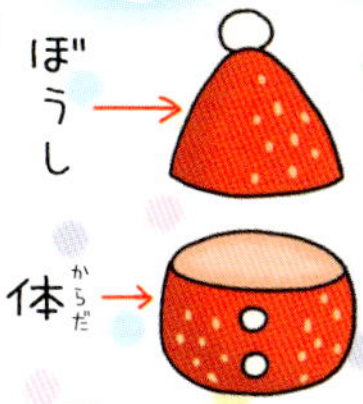

❷ ミニシュークリームにデコペンで 顔《かお》をかく。

❸ ぼうしと体《からだ》を 生《なま》クリームでくっつける。

マシュマロゆきだるま

マシュマロにデコペンで顔《かお》や かざりをかいてつまようじを さしてつなげる。

リースクッキー

ざいりょう

・薄力粉《はくりきこ》…70ｇ
・抹茶《まっちゃ》…10ｇ
・バター…50ｇ
・さとう…30ｇ
・バニラエッセンス
・デコペン、ミニチョコ
※抹茶《まっちゃ》は薄力粉《はくりきこ》と いっしょにまぜこむ。

❶ 6ページのクッキーのレシピをさんこうにつくる。のばした生地《きじ》をコップなどのまるい型《かた》でぬきまん中《なか》はペットボトルのフタなどでぬく。

❷ やいて、あら熱《ねつ》が とれたらデコペン（赤《あか》）でリボンをかく。ミニチョコは デコペン（白《しろ》）をのりがわりにしてつける。

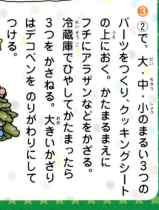

サンタパンケーキ

ざいりょう （パンケーキ3～4まいぶん）

■ パンケーキ

- 薄力粉《はくりきこ》…100g
- ベーキングパウダー…5g
- 豆乳《とうにゅう》…100cc
- さとう…大《おお》さじ3
- 卵《たまご》…1こ
- マヨネーズ…大《おお》さじ1

■ サンタのかざり

- 生《なま》クリーム…100cc
- さとう…大《おお》さじ2
- いちご…おこのみで
- チョコソース

こむぎこ
ベーキングパウダー
豆乳
さとう
ホイップ
チョコレートソース

今日《きょう》は クリスマスイブ★
おやつにクリスマスのスペシャルなパンケーキを つくってあげる！
えっ どんなん どすか？
おしえて～

① ■ パンケーキをつくる
薄力粉《はくりきこ》とベーキングパウダーをあわせて2かいふるいにかける。

こむぎこ
ベーキングパウダー

② 卵《たまご》を 卵黄《らんおう》と卵白《らんぱく》に わけてそれぞれあわだてる。
卵白《らんぱく》は ツノがたつくらい、卵黄《らんおう》は白《しろ》っぽく もったりなるまで。

卵白《らんぱく》でつかったハンドミキサーをそのままつかってもいいわよ
→卵黄《らんおう》
←卵白《らんぱく》

③ 卵黄《らんおう》のボウルにマヨネーズ、豆乳《とうにゅう》、さとうを くわえてまぜる。
まぜおわったら、①を3～4回《かい》にわけてゴムべらでさっくりとまぜる。

豆乳
さとう

④ ③に、卵白《らんぱく》をはんぶんずつふんわりまぜる。

⑤ ■やく
ぬれフキンをようい
してひろげておく。
フライパンに
油《あぶら》を うすくひく。
キッチンペーパーで
ふきそうじするかんじ♪
ふきふき
ぬれフキン↓
油《あぶら》
⑥ フライパンを
強火《つよび》で予熱《よねつ》する。
1分《ぷん》!
⑦ フライパンを
ぬれフキンで
1秒《びょう》さます。
1秒《びょう》!
ジュッ
⑧ 弱火《よわび》にして
フライパンをもどして
たかい位置《いち》から、
パンケーキの生地《きじ》を
いれてやく。
3分《ぷん》!
⑨ ⑧を うらがえして
フタをしてやく。
よっ
2分《ふん》!
⑩ ■かざりつけ
生《なま》クリームに さとうをいれて
あわだてる。
66ページを
みてね♪
ホイップ
さとう
生《なま》クリームをしぼりぶくろにいれて
図《ず》のようにパンケーキにしぼる。
いちごをかざって、チョコソースで
目《め》と口《くち》を かいてできあがり。
サンタ
クロースだ〜!
たてはんぶんに
カット
横《よこ》に
わぎり
チョコ
ソース
ウチのカフェ
でもだそう♥
かわいい〜!

今日《きょう》はクリスマス。
学校《がっこう》の調理室《ちょうりしつ》で
ブッシュドノエルを
つくって、クリスマス
パーティーを するんだ♪
MILK
こむぎこ

❶ ■スポンジ生地《きじ》を つくる
バット（25～30㎝《センチ》）に、
クッキングシートをしいておく。
やりかたは68ページをみてね
❷ 薄力粉《はくりきこ》を 2回《かい》 ふるっておく。
こむぎこ
❸ 卵《たまご》と さとうを ハンドミキサーの
高速《こうそく》で 5分《ふん》、低速《ていそく》で 1分《ぷん》
あわだてる。
低速《ていそく》 1分《ふん》
高速《こうそく》 5分《ふん》
さとう
❹ ③に②を数回《すうかい》にわけていれ、
あわをつぶさないように
ゴムべらで さっくりとまぜる。
❺ ④に、牛乳《ぎゅうにゅう》をいれて よくまぜる。
MILK

ブッシュドノエル

ざいりょう

■ スポンジ生地《きじ》

・卵《たまご》…3こ
・薄力粉《はくりきこ》…60g
・さとう…60g
・牛乳《ぎゅうにゅう》…大《おお》さじ2

こむぎこ
さとう
MILK

■ シロップ

・水《みず》…60cc
・さとう…30g

さとう

■ チョコクリーム

・生《なま》クリーム…200cc
・さとう…10g
・チョコソース…60cc
（湯《ゆ》せんでとかしたチョコレートでもOK）

ホイップ
さとう
チョコレートソース

■ かざり

・フルーツ…おこのみで

・アラザンなどのかざり…おこのみで

6 ⑤を型《かた》に いれて10㎝《センチ》ほどの
たかさからおとして空気《くうき》をぬく。
180℃のオーブンにいれて12分《ふん》やく。

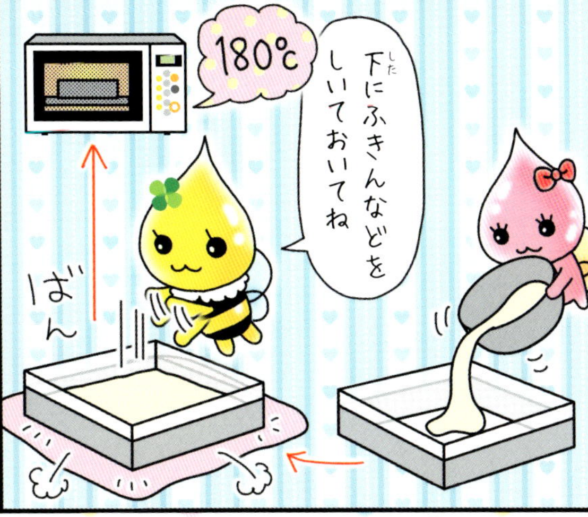
180℃
下《した》にふきんなどを しいておいてね
ばん

7 作業台《さぎょうだい》に クッキング
シートを しいておく。

ぺらり
クッキングシート

8 ⑥がやきあがったら、バットから
クッキングシートごと 生地《きじ》をとりだし
⑦の上《うえ》に ひっくりかえしておき、
ていねいに紙《かみ》を 手前《てまえ》から むいていく。

むき むき
むきおわったら、その紙《かみ》を ふとんのようにかぶせておいてね
あら熱《ねつ》がとれたらラップでおおっておけよ

9 ■シロップをつくる
マグカップなどに 水《みず》と さとうを
いれてよくまぜ、レンジで 1分《ぷん》
あたためて さましておく。

1分《ぷん》
さとう

10 ■生《なま》クリームのようい
生《なま》クリームとさとうを
ツノがたつまであわだてる。
あわだったら、
チョコソースを いれて
ゴムべらでまぜる。

あわだてかたは66ページをみてね
チョコレートソース

さとう
ホイップ
ホイップ

⑪ ■まいていく
生地《きじ》の やき目《め》の
あるほうに
ハケでシロップを
うすくぬる。

⑫ パレットナイフの先《さき》などで
図《ず》のようにかるくすじをつける。

⑬ ⑫に⑩の生《なま》クリームの
1/3～はんぶんほどを
パレットナイフで
ぬる。

クリームの量《りょう》は
手前《てまえ》がおおめ、
奥《おく》は すくなめに
するのがこつ！

⑭ フルーツをナイフでちいさくきり
図《ず》のように、列《れつ》になるように
おいておく。

⑮ まきはじめは
ちいさく
おるように
ひとまきして、
しんをつくる。

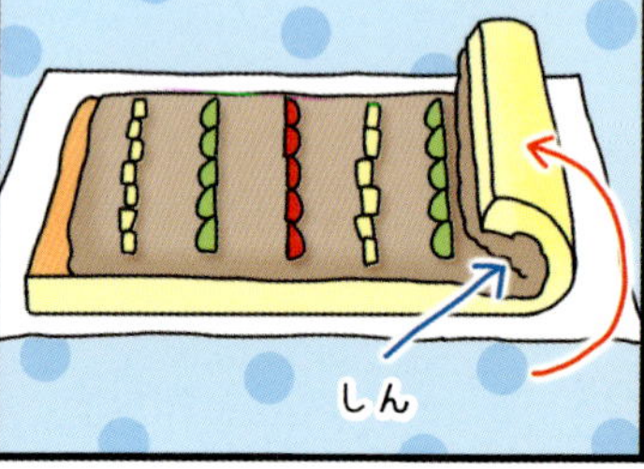

⑯ 下《した》にしいた紙《かみ》を
もちあげるように
しながら、⑮を
ななめ上《うえ》に
ひっぱりあげる。

⑰ まきおわったら
手《て》でしっかり
形《かたち》をととのえ
テープでとめ、
まきおわりを
下《した》にして
冷蔵庫《れいぞうこ》で30分《ぷん》
やすませる。

⑱ 表面《ひょうめん》にシロップをハケでぬり
⑰の両《りょう》はしをナイフで
1～2㎝《センチ》ほど きりおとして
図《ず》のようにななめにきりおとす。

⑲ ⑱にパレットナイフで⑬の のこりの
クリームをラフにぬる。きりおとした
ケーキも上《うえ》にのせ、クリームをぬる。
木《き》みたいになるように フォークで すじ目《め》を いれてもいいね♪
ぺたぺた
⑳ フルーツやアラザンなどを
かざってできあがり♪
じゃあクリスマスパーティーをはじめよう！
あ、でも このブッシュドノエル、みんなでたべるには ちいさすぎるかも？
とく大《だい》ブッシュドノエルも つくっておいたわよ！
Merry Xmas
MERRY CHRISTMAS MERR
だいじょうぶ！ そんなこともあろうかと…
うわー
わーっ
すごーい
おっきーい！

おやつづくりのコツ

卵《たまご》の黄身《きみ》と白身《しろみ》のわけかた

きようだね♥
せっせっ
黄身《きみ》をこわさないように気《き》をつけてね

卵《たまご》をわって、かたほうのカラに黄身《きみ》をいれうつわに白身《しろみ》をおとす。黄身《きみ》をもう一方《いっぽう》のカラにうつし、ほとんどの白身《しろみ》がなくなるまでくりかえして、黄身用《きみよう》のうつわにいれる。

台《だい》やテーブルをよごさないために

こむぎこ

粉《こな》をふるったり、ざいりょうをあわだてたりするときは、台《だい》やテーブルをよごさないように、新聞紙《しんぶんし》や、大《おお》きいチラシをしいてその上《うえ》で、作業《さぎょう》するといいよ。

生《なま》クリームのあわだてかた

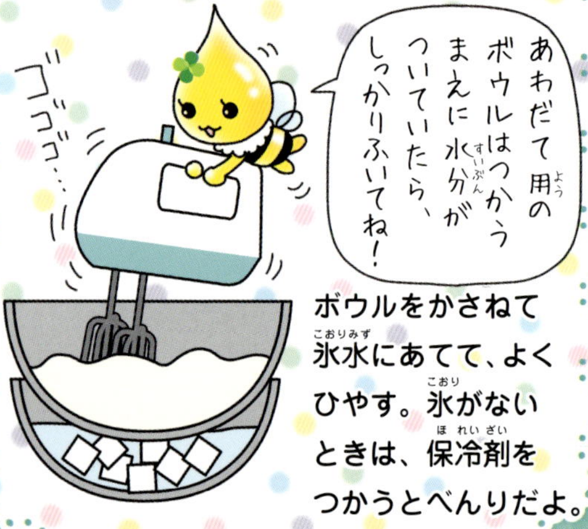
ゴゴゴ…
あわだて用《よう》のボウルはつかうまえに水分《すいぶん》がついていたら、しっかりふいてね！

ボウルをかさねて氷水《こおりみず》にあてて、よくひやす。氷《こおり》がないときは、保冷剤《ほれいざい》をつかうとべんりだよ。

まぜやすくするために

だけど生《なま》クリームはつかう直前《ちょくぜん》に冷蔵庫《れいぞうこ》からだしてね！
MILK
豆乳

おかしづくりをする前《まえ》には、あらかじめ卵《たまご》、牛乳《ぎゅうにゅう》、バター、豆乳《とうにゅう》は冷蔵庫《れいぞうこ》からだして、しばらく室温《しつおん》におき、つめたくないていどの温度《おんど》にしておく。

チョコレートやバターの湯《ゆ》せんのしかた

ゴムべらでしずかにまぜてとかしていってね
手《て》でこまかくおってもいいわよ
ポキパキ

❶ チョコレートの湯《ゆ》せんのしかた
ほうちょうで チョコレートをたて、よこ、ななめにこまかくきざんでボウルにいれる。

❷ すこし小《ちい》さいボウルやフライパンにお湯《ゆ》（50℃くらい）をいれ、チョコレートがはいったボウルをかさねてとかす。

ケーキをきれいにきるには

ふきふき

ケーキをきれいにきるには 長《なが》めのナイフをつかい、お湯《ゆ》であたためてから水気《みずけ》をよくふいて、水平《すいへい》にきる。1度《ど》きるたびにナイフをきれいにふいてきるようにしてね。

ケーキがやけたあと

②→
①→
ケーキクーラー
③→
おやすみ…

❶ ケーキがやけたら、すぐにさかさにして型《かた》から はずしてケーキクーラーの上《うえ》でさます。❷ あら熱《ねつ》がとれたら（3〜5分《ふん》）、型紙《かたがみ》をそっとはがす。❸ 人《ひと》はだまでさめたらラップでくるんで やすませる。

クッキングシートを型《かた》にはめる方法《ほうほう》

これだよ〜

ケーキの丸型《まるがた》

かき
かき

❶ クッキングシートの上《うえ》に型《かた》をおき
底《そこ》を えんぴつで うすくなぞる。

側面《そくめん》より1cm《センチ》ぐらいたかくなるようにな

すこし
かさなるように
ぺた
ぺた
油《あぶら》

❷ 型《かた》の側面《そくめん》に サラダ油《あぶら》をハケでぬり、側面《そくめん》に
クッキングシートをぐるりとはりつける。

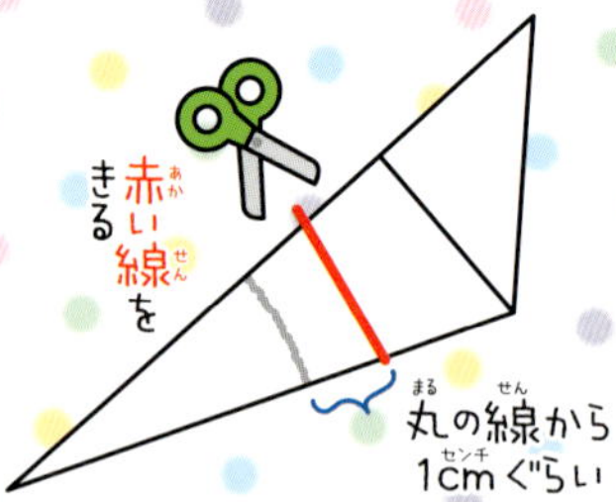
赤《あか》い線《せん》をきる
丸《まる》の線《せん》から
1cm《センチ》ぐらい

❸ ①の紙《かみ》を線《せん》をかいたほうを
うらにして丸《まる》が かさなる
ように4回《かい》おりたたむ。

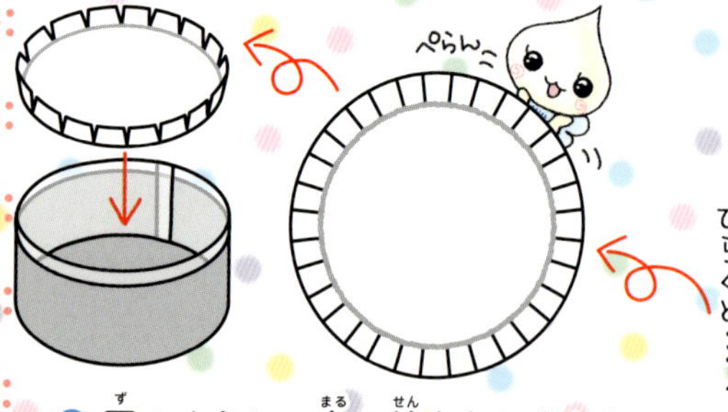
ぺらん〜
ひらくと…

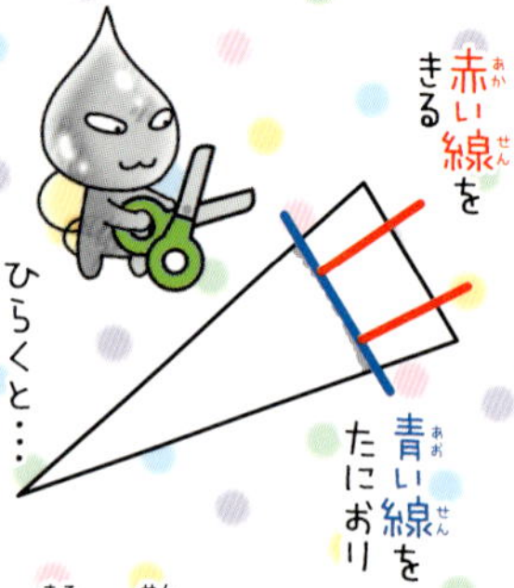
赤《あか》い線《せん》をきる
青《あお》い線《せん》をたにおり

❹ 図《ず》のように、丸《まる》の線《せん》をたにおりして、
ハサミできりこみをいれる。ひろげて、丸《まる》の線《せん》が
そとがわになるように型《かた》のそこに はめる。

パウンドケーキ型《がた》

これッス

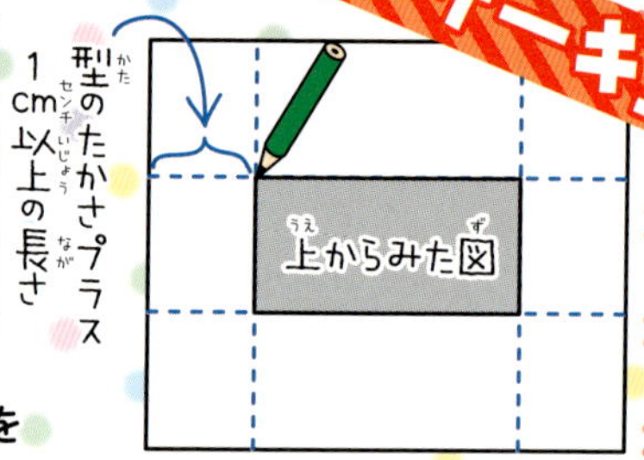
型《かた》のたかさプラス
1cm《センチ》以上《いじょう》の長《なが》さ
上《うえ》からみた図《ず》

❶ クッキングシートの上《うえ》に
型《かた》をおき、底《そこ》をえんぴつで
うすくなぞる。

青《あお》い線《せん》を
たにおり

❷ 線《せん》をかいたほうを
うらにして線《せん》に
そって図《ず》のように、
たにおりにおる。

★マークの
ぶぶんが
かさなるよ

❸ 赤《あか》い線《せん》を
ハサミで きる。

カサ
カサ
かさなるぶぶん

❹ 型《かた》に サラダ油《あぶら》を
ハケでぬり、
クッキングシートを
はりつける。

こんなものも型《かた》になるよ!

ケーキつくりたいけど型《かた》をもってないのよね
ぼくも〜
オレももってねえわ
ケーキの型《かた》がなければ…
COOCKI
べつのものをつかえばいいでしょう!
たとえば、この1ℓの牛乳《ぎゅうにゅう》パック!
ビシ
にゅ?
左《ひだり》をみて!
MILK
それから、クッキーの缶《かん》!
これも中《なか》にクッキングシートをしいたらケーキの型《かた》としてつかえます(オーブンのみ)!
ちなみに、直径《ちょっけい》15cm(5号《ごう》)で5〜6人《にん》ぶん、直径《ちょっけい》18cm(6号《ごう》)で8〜10人《にん》ぶんの大《おお》きさらしいです
ビシィ
Milk
Cookies

牛乳《ぎゅうにゅう》パックでパウンドケーキ型《かた》をつくろう!

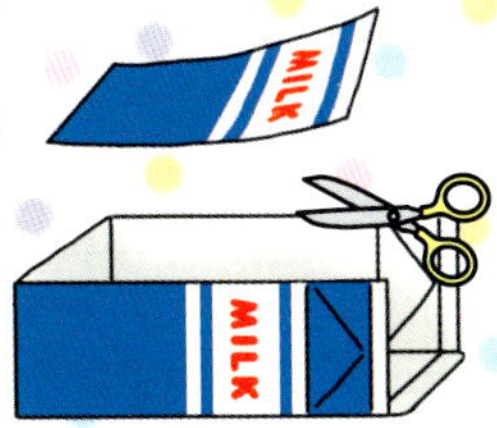
MILK

❶ 牛乳《ぎゅうにゅう》パックを水《みず》できれいにあらって水気《みずけ》をとって一面《いちめん》をハサミできりとる。

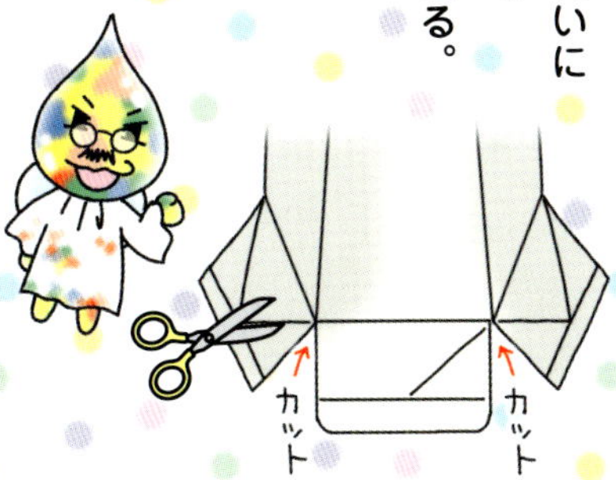
カット
カット

❷ あいている口《くち》を2か所《しょ》カット。

MILK
①
②
③

❸ 図《ず》のようにおりまげてホッチキスで3か所《しょ》とめる。

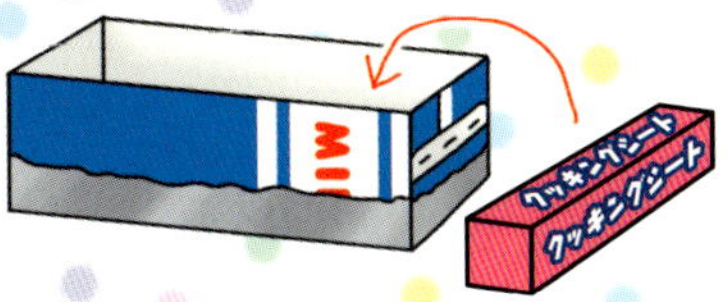
MILK
クッキングシート
クッキングシート

❹ 底《そこ》に、アルミホイルをおおう。中《なか》にクッキングシートをしいてできあがり。

いそいでたべて中《なか》をカラにしなきゃ…!
アセオ! ダイエットはどうした!?
ガツガツ
ムシャムシャ
あっ…
Milk
Cookies

おやつクッキング こぼればなし

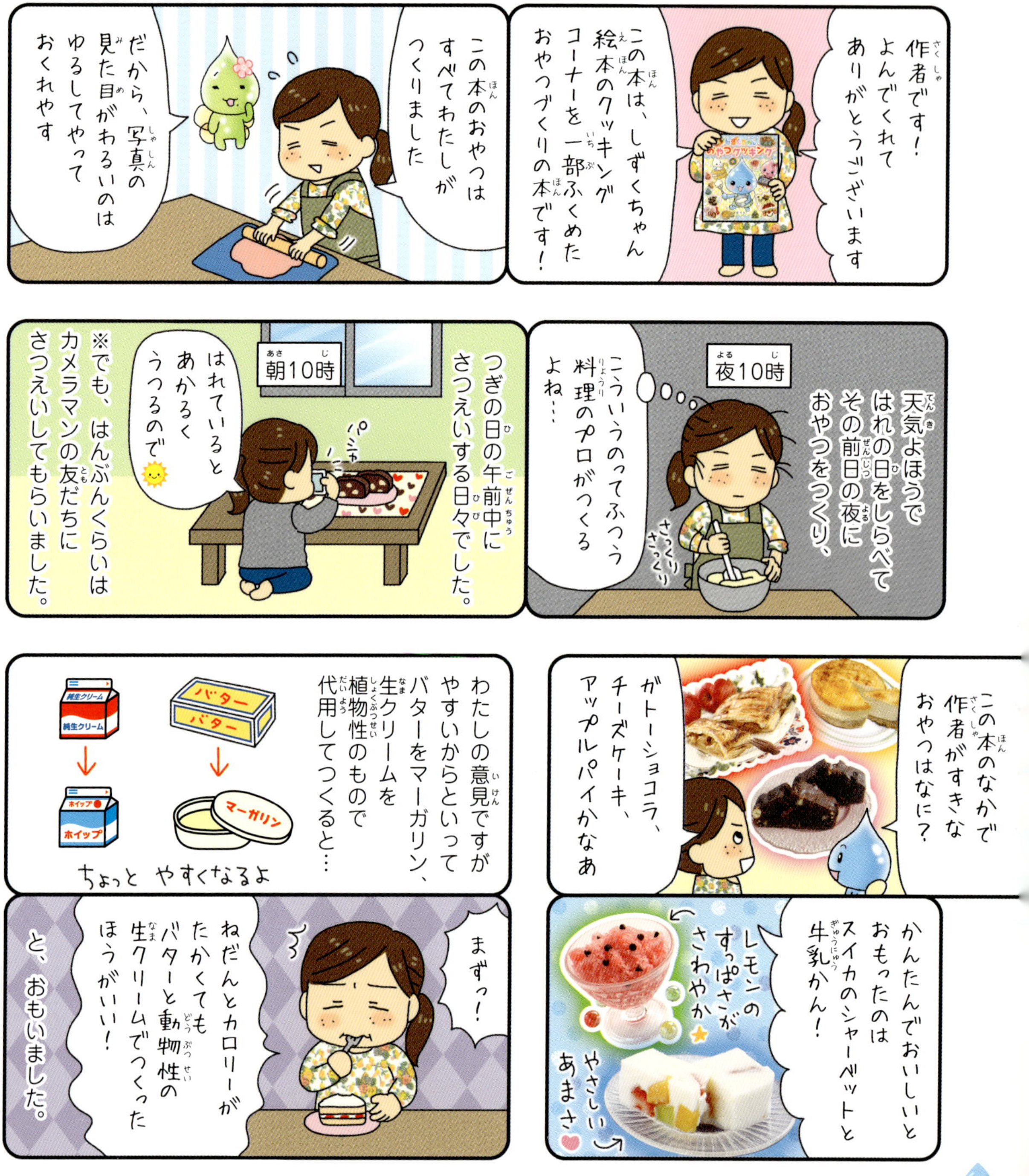

作者《さくしゃ》です! よんでくれて ありがとうございます
この本《ほん》は、しずくちゃん 絵《え》本《ほん》のクッキング コーナーを一部《いちぶ》ふくめた おやつづくりの本《ほん》です!
この本《ほん》のおやつは すべてわたしが つくりました
だから、写真《しゃしん》の 見《み》た目《め》がわるいのは ゆるしてやって おくれやす
天気《てんき》よほうで はれの日《ひ》をしらべて その前日《ぜんじつ》の夜《よる》に おやつをつくり、
夜《よる》10時《じ》
さっくり さっくり
こういうのってふつう 料理《りょうり》のプロがつくる よね…
つぎの日《ひ》の午前中《ごぜんちゅう》に さつえいする日々《ひび》でした。
朝《あさ》10時《じ》
パシャ
はれていると あかるく うつるので
※でも、はんぶんくらいは カメラマンの友《とも》だちに さつえいしてもらいました。
この本《ほん》のなかで 作者《さくしゃ》がすきな おやつはなに?
ガトーショコラ、 チーズケーキ、 アップルパイかなあ
かんたんでおいしいと おもったのは スイカのシャーベットと 牛乳《ぎゅうにゅう》かん!
レモンの すっぱさが さわやか
やさしい あまさ
わたしの意見《いけん》ですが やすいからといって バターをマーガリン、 生《なま》クリームを 植物性《しょくぶつせい》のもので 代用《だいよう》してつくると…
純生クリーム
ホイップ
バター
マーガリン
ちょっと やすくなるよ
まずっ!
ねだんとカロリーが たかくても バターと動物性《どうぶつせい》の 生《なま》クリームでつくった ほうがいい!
と、おもいました。

さて、はずしかた まめちしき!
プリンを型《かた》から はずす方法《ほうほう》よ!
ミントは道《みち》ばたで つんできました。
プリンを型《かた》ごと お皿《さら》に ふせて 手《て》でしっかり おさえて…
バレリーナみたいに 一回転《いっかいてん》!
ぷるるっ
くる〜〜〜り
すると あらふしぎ!
かんたん!
つづいて、チーズケーキ
これは底《そこ》が われそう だからひっくりかえして 型《かた》から はずせねえよな
ジャムも ぬってるし…
ふとめの缶《かん》などの上《うえ》に チーズケーキをおき、側面《そくめん》の型《かた》を下《した》に おろして はずす。
側面《そくめん》の紙《かみ》をはがして、すこしずつ 底板《そこいた》を ずらしてはずしながら 手《て》のひらにのせる。
はがす
かたほうの手《て》で底《そこ》の紙《かみ》を はがしながら、ぎゃくの手《て》のひらにのせて、お皿《さら》にうつす。
これは作者流《さくしゃりゅう》だよ! ほかのやり方《かた》も あるかも★
じゃ、みんなも おやつづくり たのしんでね!
はーい!
ちなみに わたしは ふとった気《き》が します…
あっ
さらに…

<作者紹介>

ぎぼ　りつこ

Gibo　Ritsuko

1976年、兵庫県生まれ。
1998年クーリアに入社し、ステーショナリーやファンシーグッズ等のデザインを手がける。
2001年に「しずくちゃん」を生み出す。
『しずくちゃん』
『しずくちゃん②〜㉔』
『しずくちゃんシールブック①〜④』
『しずくちゃんとあそぼう!』シリーズ
『しずくちゃん ミニしかけえほん』シリーズ
『しずくちゃんぬりえセット』
『しずくちゃんかるた』
ウォールチャート『しずくちゃんのあいうえお』を出版。

しずくちゃん
おやつクッキング

NDC596

2015年8月31日　第１刷発行

作・絵　ぎぼりつこ
写真　羽床妙
総合プロデューサー　衣目川政男
発行者　岩崎弘明
発行所　株式会社岩崎書店　〒112-0005　東京都文京区水道1-9-2
電話　03(3812)9131(営業)　03(3813)5526(編集)
振替　00170-5-96822
印刷・製本　図書印刷株式会社

Published by IWASAKI Publishing Co., Ltd. Printed in Japan
ISBN978-4-265-81097-0
乱丁本・落丁本は小社負担でおとりかえいたします。

岩崎書店ホームページ　http://www.iwasakishoten.co.jp
クーリア公式サイト　http://www.qlia.com/

ご意見ご感想をお寄せ下さい　E-mail hiroba@iwasakishoten.co.jp